인디고 바칼로레아 2

읽다, 새로운 세계를 열다

인디고 바칼로레아 2

읽다, 새로운 세계를 열다

1판 1쇄 찍음 2024년 5월 23일
1판 1쇄 펴냄 2024년 6월 5일

지은이 인디고 서원

주간 김현숙 | **편집** 김주희, 이나연
디자인 이현정, 전미혜
마케팅 백국현(제작), 문윤기 | **관리** 오유나

펴낸곳 궁리출판 | **펴낸이** 이갑수

등록 1999년 3월 29일 제300-2004-162호
주소 10881 경기도 파주시 회동길 325-12
전화 031-955-9818 | **팩스** 031-955-9848
홈페이지 www.kungree.com
전자우편 kungree@kungree.com
페이스북 /kungreepress | **트위터** @kungreepress
인스타그램 /kungree_press

ISBN 978-89-5820-885-3 03100

책값은 뒤표지에 있습니다.
파본은 구입하신 서점에서 바꾸어 드립니다.

인디고 바칼로레아 2

읽다, 새로운 세계를 열다

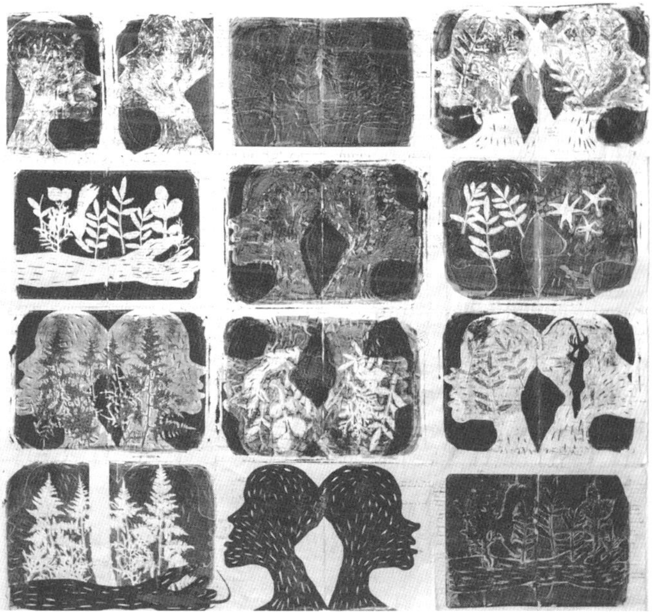

인디고 서원 지음

궁리
KungRee

인디고 바칼로레아(IB) 시리즈를 시작하며

불확실성의 시대다. 팬데믹, 기후위기, 인공지능, 인구절벽 등 매일같이 세상은 새롭게 변한다. 세상의 격변 속에서 인간은 변화에 적응하기 위해 급급한 모습이다. 때로는 생명의 위협을 느끼기도 하고 때로는 예측 불가능한 미래에 불안해하기도 한다. 이와 같은 대전환기를 헤쳐 나가기 위해 우리는 어떤 준비를 하고 있는가.

역사학자 유발 하라리는 현재 초·중·고등학교에서 가르치는 교육의 90%는 그 아이가 어른이 되었을 때 아무런 쓸모가 없어질 것이라고 예견했다. 지금 우리가 겪는 변화의 속도를 떠올려본다면 이는 충분히 납득할 만한 주장이다. 세상은 미래를 더욱 앞당기고 있는데 우리의 배움은 여전히 낡은 과거에 머물러 있으니 말이다. 그러니 우리는 자신에게 물어야 한다. 무엇을 배우고 가르칠 것인가.

아마도 한국 사회에서 가장 변하지 않는 분야가 있다면 교육일 것이다. 21세기 대한민국은 바이오와 디지털 기술 등 세계를 선도하는 글로벌 선진국 중 하나다. 하지만 우리의 교실은 어떠한가. 대한민국을 살아가는 미래 세대는 과연 세상의 변화에 적응할 수 있는 배움을 제공 받고 있는가. 생존에 허덕이지 않고 삶의 주인으로서 살아갈 역량을 대한민국 교육은 제시하고 있는가.

4차 산업혁명은 이미 우리의 일상에 침투해 있다. 대한민국 교육 패러다임을 바꿔야 한다는 주장은 이제 식상할 만큼 오래되었다. 교육과정 개정을 거치면서 다양한 역량 강화 교육의 필요성이 제기되었을 뿐만 아니라 교육혁명을 더 이상 미룰 수 없는 지점에 와있다. 최근 IB(International Baccalaureate)가 주목받는 이유는 이 때문이다. IB 교육이 지향하는 비판적 사고와 창의성, 소통과 공감, 균형 감각과 도전 정신 등은 세상이 아무리 변해도 필수적인 핵심 역량이라 할 수 있고, 이를 기르는 교육은 삶을 위한 본질적인 공부이기 때문이다. 물론 IB가 다층적이고 복합적인 대한민국 교육 문제를 단번에 해결해줄 수 있는 정답은 아니다. 그러나 변화의 물꼬를 틀 수 있는 유의미한 시도라 부를 수 있을 것이다.

국제자격시험인 IB가 이제 조금씩 한국 사회에서도 주목받기 시작했지만 인디고 인문학 수업은 지난 20여 년 동안 삶을 위한 책 읽기와 토론 수업을 진행해왔다. 공부는 좋은 사람이 되는 길이고,

세상을 향해 질문을 던지는 일이며, 모두에게 이로운 혁명이어야 한다는 믿음으로 진행된 인디고 바칼로레아(Indigo Baccalaureate)다. 인디고 바칼로레아 시리즈는 인디고 인문학 교육 과정과 내용을 보다 많은 이들과 공유하려는 시도다. 나아가 대한민국 교육의 방향과 가치가 보다 나은 방향으로 바뀌기를 바라는 희망의 실천이다. 시대가 변해도 바뀌지 않는 본질적인 삶의 가치를 배울 수 있는 인디고 바칼로레아 시리즈가 교육혁명을 꿈꾸는 이 땅의 많은 시민에게 가닿아서 우리가 바라는 변화를 앞당길 수 있기를 바란다.

2023년 6월

영국 케임브리지대학교에서

박용준

서문

우리는 너무나 많은 것을 본다. 길어봐야 1분 정도 되는 쇼츠 영상을 하루에도 수십, 수백 개씩 보며 몇 시간을 그냥 보낸다. 쉴 새 없이 업로드되는 SNS의 게시물도 습관적으로 시시때때로 확인해야 하고, 휘황찬란하게 빛나는 광고들을 길거리며 대중교통이며 모든 곳에서 본다. 기술 발달로 실제보다 더 생생하게 세상 곳곳의 모습을 볼 수 있게 되었고, 더 멀리 있는 곳들의 모습까지도 더 빠르고 가깝게 볼 수 있다. 가상의 현실까지 만들어 볼 정도니, 마치 이 세상 모든 것을 볼 수 있는 것 같다.

그런데 이 무수한 '본 것'들은 과연 어떤 의미가 있는가? 너무나 많은 것을 볼 수 있게 되었지만, 우리의 삶은 점점 더 공허해진다. 지구 반대편을 너머 우주 저 멀리까지도 더 가깝고 선명하게 볼 수 있게 되었지만, 서로의 감정적 거리는 더 멀어졌다. 전쟁이나 기후위기와 같은 생존을 위협하는 충격적인 장면을 생생하게 두 눈으로 보면서도, 우리의 감각은 점점 더 무뎌져 무관심하기에 이르렀다.

> "보는 것은 일종의 선택 행위다. 선택의 결과, 우리는 우리가 보는 것을 시야의 범위 안으로 끌어들인다. (중략) 우리는 결코 한 가지 물건만 보지 않는다. 언제나 물건들과 우리들 사이의 관계를 살펴본다. 우리의 시각은 끊임없이 능동적으로 움직이고, 우리를 중심으로 하는 둥그런 시야 안에 들어온 물건들을 훑어보며, 세계 속에서 우리가 어떻게 위치하고 있는지 가늠해 보려 한다."
>
> – 존 버거, 『다른 방식으로 보기』, 열화당

인간은 자신이 처한 상황을 이해하려 노력하고, 한계를 극복하기 위해 협력하는 과정을 통해 생존해왔다. 지금과는 다른 세계를 상상했고, 이 능력을 통해 종교를 만들고 국가를 건설하며 문화를 창조해 문명을 이어왔다. 보고 듣고 만지고 느낀 세상을 새롭게 이해하는 능력을 '읽는 능력'이라고 달리 표현할 수 있다. 비평가 존 버거의 표현을 빌리자면, 인간은 자신이 본 것을 관계를 통해 새롭게 생각하고, 능동적으로 이해하는 과정을 통해 새로운 것으로 상상해내는 '다른 방식으로 보기'를 본능적으로 해왔다. 즉, 세계를 읽는 것은 인간의 고유한 특성이며 본성이다. 읽는 능력이 인간을 살아남게 했고, 인간을 인간이게 했다.

그렇게 본다면, 지금 우리는 너무나 비인간적으로 살아가고 있다. 아무런 생각 없이 오직 시각적 · 청각적 자극에만 자기 자신을 방치하는 방식의 보기는 우리로 하여금 허무하고 공허한 삶을 채우기 급급한 삶의 양식을, 타인에게 무관심하고 이기적인 욕구만을 추구하는 것이 옳다는 비윤리적인 삶의 양식을 정당화하게 하기 때문이다. 그 결과, 세계는 점점 위태롭게 변하고 있다. 불평등의 간격은 점점 더 커졌고, 전쟁의 위협과 전쟁에 쓰이는 무기의 위력은 점점 더 강력해지고 있으며, 지구는 더 이상 버틸 수 없는 지경까지 이르렀다. 이대로 우리는 잘 살아가기는커녕, 살아남을 수도 없을 것이다.

그러므로 『인디고 바칼로레아 2—읽다, 새로운 세계를 열다』는 인간으로서 이 지구에서 계속 살아가기 위한 절박한 시도이다. 또한 보고 듣고 접한 세상을 읽어내는 일을 통해서 현재 우리가 가진 문제를 해결하고 고통을 해소할 수 있다는 믿음에서 시작한 프로젝트이다. 그리고 이러한 읽는 능력을 기르는 것이야말로 교육의 목표여야 한다는 강력한 의지에서 비롯한 교육 운동이기도 하다. 읽는 행위가 책을 읽는 것뿐만 아니라 이 세상 모든 것에 적용되는 것이기에, 영화 읽기를 제안하고자 했다. 영화 속 인물을 이해하고 사건을 이해하는 '읽기' 과정을 통해 생겨난 새로운 질문과 청소년들의 토론 과정을 공유한 이 책으로 더 많은 이야기가, 더 정의로운 이야기가, 더 인간다운 이야기가 많이 생겨나길 기원한다.

인지신경학자 매리언 울프는 읽기 능력의 성취가 인간을 다른 종과 완전히 다른 두뇌를 갖게 했다는 사실을 바탕으로, 깊이 읽고 생각하는 능력 없이는 인간은 실패한 사회를 만들 수밖에 없다고 경고했다. 읽기 능력은 인간을 인간답게 살아가도록 하는 필수적이고 기본적인 것이며, 이 능력 없이는 파편적이고 폭력적이며 비윤리적인 판단과 결정을 내릴 수밖에 없기 때문이다. 이 책을 읽은 독자들과 함께 새로운 세계를 열어갈 기쁘고 의미 있는 상상을 하며, 부디 『인디고 바칼로레아 2—읽다, 새로운 세계를 열다』가 인간다운 삶을 위한 읽기의 장(ground)이 되길 기원한다.

2024년 5월

인디고 서원에서

이윤영

차례

읽다, 새로운
세계를 열다 — 1

문학

삶의 의미는 어떻게 찾을 수 있는가?

함께 나눌 질문

· 인간은 왜 삶의 의미를 추구하는가?
· 읽기와 쓰기는 인간을 구원할 수 있는가?

허먼 멜빌의 걸작 『모비 딕』은 미국 문학사에서는 물론이고 전 세계에서도 위대한 소설로 손꼽히는 작품이다. 소설은 향유고래 '모비 딕'을 잡기 위해 사투를 벌이는 사람들에 대한 이야기인데, 18개월 동안 고래잡이배를 탄 작가의 경험을 바탕으로 쓰였다고 전해진다. 『모비 딕』에는 다양한 인간상이 등장한다. 그중에서도 단연코 눈길을 끄는 건 아하브 선장이다. 고래잡이배 피쿼드호의 선장인 아하브는 과거 자신의 다리 한쪽을 물어간 '모비 딕'을 죽이기 위해 거의 평생을 배 위에서 보낸다. 여느 고래잡이배들과는 달리, 그의 목표는 고래가죽도, 고래기름도 아닌 모비 딕의 목숨뿐이다. 다른 고래를 잡아들이는 과정은 모비 딕을 죽이기 위한 예행 연습과 다름없어 보일 정도인데, 괴짜 같고 광기에 휩싸인 듯 보이지만 소설 속 선원들처럼 독자 역시 아하브 선장의 강한 의지에 이끌려 나도 모르는 사이 모비 딕 사냥에 몰두하게 된다.

허먼 멜빌은 작품에 상징적인 표현을 많이 쓰는데, 『모비 딕』에도 마찬가지로 시대와 특정 인물을 상징한다고 볼 수 있는 요소들이 많다. 거대한 고래인 모비 딕을 인간이 감히 대적할 수 없는 신이나 운명으로, 혹은 자연 그 자체로 해석하기도 한다. 어찌 되었든 아하브의 맹목적인 모비 딕 사냥에 대한 의문은 쉽게 풀리지 않는다. 도대체, 아하브는 자기 자신과 동료들, 배까지 모두 파괴해버릴 것이 분명한 모비 딕 사냥에 이토록 온 생을 다 건 것일까?

『모비 딕』을 소재로 한 영화 <더 웨일>

『모비 딕』을 주요한 소재로 전개되는 영화가 있다. 2023년에 개봉한 〈더 웨일〉이다. 영화의 주인공인 '찰리'는 에세이 강사다. 그는 자신이 한 과거의 선택에 대한 벌을 주려는 듯, 폭식을 통해 270kg가 넘는 거구의 몸을 갖고 세상과 단절한 채 오직 집 안에서만 살아가는 사람이다. 그의 모습은 마치 거대한 고래처럼 보이기도 한다. 온라인으로 진행하는 대학교 강의 시간에도 카메라가 고장났다고 변명하며 자신의 모습을 감추고, 매일 시켜 먹는 피자집 배달원과 목소리로 인사는 나누지만 절대 직접 만나진 않는다. 그를 만나러 오는 사람은 오직 한 사람, 그의 오래된 친구이자 간호사인 '리즈'다. 리즈는 그가 죽지 않도록 혈압을 체크하고 생필품을 채워주는데, 모순적이게도 찰리의 생명을 위협하는 고칼로리 음식을 사다 주는 사람이기도 하다.

그런데 리즈뿐만 아니라 영화에 등장하는 모든 인물이 모순적이다. 어느 날 전도를 하겠다며 찾아온 청년 '토마스'도, 목소리로나마 찰리를 걱정해주는 피자 배달원도, 이혼한 전 부인 '메리'도 모두 그렇다. 심지어 찰리도 그렇다. 분명 죽고 싶은 것 같은데, 죽지 않기 위해 애쓰기 때문이다. 그 와중에 가장 단순한 사람이 바로 찰리의 딸 '엘리'다. 엘리는 학교에서 퇴학당할 위기에 처한, 소위 '문제아'다. 친구들과 잘 어울리지도 못하고, 수업도 제대로 듣지 않는다. 학교에서 학사 경고를 주지 않으려는 마지막 기회로 에세이를 써서 제출하라고 했는데, 에세이를 쓰는 것을 도와달라고 아빠 찰리를 8년 만에 찾아왔다. 찰리는 게이였고, 8년 전에 연인과 바람이 나는 바람에 가족을 버렸던 터라, 딸 엘리를 보고 싶어도 차마 만나러 갈 수 없었다. 엘리는 자신을 버린 아빠를 죽도록 미워하게 되었는데, 그 상처 때문에 다른 인간관계도 제대로 맺지 못한 채 삐뚤어져버린 것이었다. 그녀는 에세이 강사인 아빠에게 자신을 퇴학당하지 않게 해보라며 거의 협박에 가까울 수준의 요구를 하며, 제대로 서 있지도 못할 만큼 거대한 몸이 되어버린 아빠를 향해 역겨움을 대놓고 표현하기도 한다.

엘리는 영화에서 무척 중요한 인물이다. 영화에 등장하는 모든 인물은 다른 사람을 위해서, 가족을 위해서, 선을 위해서, 정의를 위해서 삶에서 중요한 선택을 하는 듯하지만, 그 선택은 어딘가 모르게 자꾸만 어긋나고 빗나간다. 오직 엘리만 반대로 할 뿐이다. 엘리는 상처 입은 자신의 마음을 숨기거나 덮어두지 않고, 다른 사람을 향한 화살로 마구 쏘아대기까지 한다. 그런데 그 화살이 오히려 꼬여버린 상황을 풀기도 하고, 상대의 거짓된 가면을 벗겨내기도 한다. 영화는 엘리를 통해 무엇을 말하고자 하는 것일까?

인간다운 삶을 위한 글쓰기

영화에서 찰리는 여러 번 죽을 고비를 맞는다. 혈관까지 가득 찬 지방 덩어리는 그의 숨통을 하루에도 몇 번씩 조여오기 때문이다. 복잡하게 얽힌 관계와 사건들이 그의 숨통을 조여올 때, 그는 『모비 딕』을 읽고 쓴 누군가의 짧은 에세이를 읽으며 다시 숨을 쉰다.

산소호흡기처럼 그 글을 읽고 되뇌며 다시 세상에 숨을 내뱉는다. 소설을 읽고 줄거리와 소설 속 등장인물들에 대한 자기 생각을 쓴 평범한 에세이인데, 찰리는 이 글이 자신이 읽은 에세이 중 최고라고 말한다. 그 이유는 무엇일까?

짐작건대 "고래 묘사만 잔뜩 있는 챕터들이 유독 슬펐다. 자신의 넋두리에 지친 독자들을 위한 배려인 걸 아니까" 문장 때문일 것이다. 『모비 딕』은 세계 최고라고 뽑히는 소설이기는 하지만, 사실 읽어내기가 힘들다. 평생을 모비 딕을 죽이기 위해 바치는 아하브도, 그의 광기에 끌려가는 선원들도, 그리고 자신을 죽이려고 목숨을 건 사람들이 있다는 사실을 알지 못하는 모비 딕도, 모든 것이 복잡하게 얽혀 있고, 뜻대로 되지 않으며, 모순투성이고, 장면들도 매끄럽게 이어지지 않는다. 등장인물들의 말과 행동은 이해하기가 어렵고, 상황은 더욱 납득이 되지 않으며, 모든 것이 산산조각 나는 결과는 허무하기까지 하다. 그런 『모비 딕』이 가진 특별한 점은 사건과 인물을 설명하는 챕터들 사이 고래에 대한 세밀한 묘사 글이 있다는 점이다. 지나치게 자세하고 정확해서, 한동안 이 소설이 고래학 코너에 있었다는 것도 충분히 납득할 만한 일이다. 비평가 중에서는 허먼 멜빌이 자기 지식을 자랑하기 위해 장황하게 고래 설명을 넣었다고 비난하는 경우도 있지만, 에세이를 쓴 작가는 이것을 독자를 위한 배려라고 말했다. 옳고 그름이 없고 이해관계가 없는 자연 그대로의 모습을 통해 잠시 위안을 얻은 독자는, 다시 이야기 속으로 들어갈 수 있기 때문이다.

영화 내내 찰리는 자기 강의의 수강생들에게 "솔직하게 글을 쓰라"라고 말하기도 하고, 자신을 원망하고 증오하는 딸을 향해 무엇이든 써보라며, 너의 글은 훌륭하다고 말하기도 한다. 세상과 완전히 단절된 찰리는 글을 읽고 쓰는 행위를 통해 다시 세계에 연결되는 듯하다. 글을 쓰는 것은 무엇을 뜻하는가?

역사학자 유발 하라리는 인간이 지구에서 지배종이 될 수 있었던 이유를 두 가지로 꼽는다. 첫 번째는 인간이 협력을 통해 발전해왔다는 것이고, 두 번째는 이야기를 만들어내는 능력을 가졌다는 것이다. 동물은 보이지 않는 존재를 믿거나 미래를 상상할 수 없지만, 인간은 상상력이 있기 때문에 눈에 보이지 않는 것을 이야기로 만들어내고 믿기도 한다. 또한 인간은 필요에 따라 다양한 이야기를 만들어내는데, 그 이야기가 사회적인 합의를 얻으면 그 이야기를 따라 사회가 조직되고 운영된다. 즉, 인간에게 이야기는 생존의 방식인데, 어떤 이야기를 만들고 믿느냐가 어떤 미래를 만들 것인가와 밀접한 관련이 있다. 유발 하라리가 인간을 "서사를 통해 새로운 세상을 만드는 스토리텔러"라고 정의 내린 이유다.

이와 같은 이유라면, 영화 속 찰리가 읽기와 글쓰기를 포기하지 않는 이유는 인간으로서 삶을 포기하지 않고자 하는 마지막 발버

등으로 해석할 수 있다. 끝없이 수강생들에게 좋은 글을 쓰게 하려는 그의 노력은 아무와도 만날 수 없는 혐오스러운 자신이 살아야 할 이유를 갖기 위해서인 것이다. 용서받지 못할 잘못을 저지른 딸에게도, 끊임없이 그녀가 가진 정직한 글쓰기를 할 수 있도록 이끌어내는 조력자 역할만이라도 해내야만 찰리는 살아갈 이유가 있는 것이다. 찰리는 아름다운 글을 통해서 비로소 숨을 쉴 수 있다.

사람을 살리는 말

"바로 거기, 가스계량기가 있는 나무복도에서 할머니가 말했다. 너는 돌아올 거야.

그 말을 작정하고 마음에 새긴 것은 아니었다. 나는 그 말을 대수롭지 않게 수용소로 가져갔다. 그 말이 나와 동행하리라는 것을 몰랐다. 그러나 그런 말은 자생력이 있다. 그 말은 내 안에서 내가 가져간 책 모두를 합친 것보다 더 큰 힘을 발휘했다. 너는 돌아올 거야는 심장삽의 공범이 되었고, 배고픈 천사의 적수가 되었다. 돌아왔으므로 나는 말할 수 있다. 어떤 말은 사람을 살리기도 한다."

–헤르타 뮐러, 『숨그네』, 14쪽, 문학동네

글(이야기)을 통해 삶을 이어가는 경우는 영화 속 찰리만이 아니다. 이와 비슷한 이야기는 제2차 세계대전을 배경으로 그려진 소설 『숨그네』에도 나온다. 소설에는 오직 죽음으로만 향해 가는 시간 속에서도 살고자 했던, 살아 있었던 사람들의 이야기가 담겨 있다. 주인공 '레오폴트 아우베르크'가 수용소로 떠나던 날 할머니가 말했던 "너는 돌아올 거야"라는 말에 대해 생각한다. 그 어떤 희망도 가질 수 없는 순간, "너는 돌아올 거야"라는 말은 한 사람의 생명을 지탱하는 불씨가 되었다고 화자는 말한다. "너는 돌아올 거야"라는 말은 주인공의 실제 모델인 시인 오스카 파스티오르가 강제수용소에 끌려가던 날 들었던 것이었고, 그 말은 정말로 시인을 살렸다.

언어학자 루트비히 비트겐슈타인은 "언어의 한계는 세계의 한계다"라고 말했다. 그렇다면 우리는 어떤 언어를 가지고 있는가? 지금 우리 세계에 퍼져 있는 말들은 극단적이고 폭력적이며, 매우 단편적이고 단순한 것들이 많다. 단정적인 언어로 어떤 인물이나 상황을 규정 혹은 구분 짓고, 그 틀에 맞춰 평가한다. 혐오 문화나 양극화 현상, 심지어 전쟁에 이르기까지 분열이 일어나는 것과 우리가 쓰는 언어 사이의 유사함은 우연의 일치가 아니다.

작가가 가장 중요시해야 할 일은 의견을 갖는 것이 아니라

진실을 말하는 것입니다. 거짓과 그릇된 정보의 공모자가 되기를 거부하는 것입니다. 문학은 단순하게 만들려는 목소리에 반대하는 뉘앙스와 모순의 집입니다. 작가가 할 일은 정신적 약탈자들의 말을 믿지 않게 만드는 것입니다. 작가가 할 일은 세계를 있는 그대로의 모습으로, 여러 가지 다른 주장과 파편과 경험으로 가득 찬 것으로 보게 하는 것입니다.

–수전 손택, 『문학은 자유다』, 206쪽, 이후

미국의 에세이스트 수전 손택은 문학이란 '단순하게 만들려는 목소리'를 가진 '정신적 약탈자들'의 말에 반대하는 일이라고 말했다. 언어는 보이지 않는 세계를 상상하고 그리는 힘이다. 그래서 언어는 사람을 살릴 수도, 죽일 수도 있다. 죽음의 언어가 이 세상을 잠식하게 둔다면, 꼭 전쟁의 형태가 아니더라도 그에 준하는 혼란과 고통을 겪게 될 수밖에 없다.

글쓰기와 서로를 이해하는 힘

영화 〈더 웨일〉에 나오는 사람들과 『모비 딕』의 등장인물들은 서로 닮아 있다. 얽히고설킨 관계, 도무지 서로를 이해하지 못하는 사람들, 구원하고자 하지만 매번 반복되는 실패…. 그런데 우리의 삶도 그렇다. 매번 문제는 반복되거나 더 심각해지고, 무엇이 잘못인지 알면서도 고치지 못하기도 한다. 나와 생각이 다른 사람과 대화하기란 힘들지만, 내가 사랑하는 사람을 이해하는 일도 거의 불가능에 가깝다. 겉으로는 괜찮은 것처럼 보이지만, 어딘가 마음이 헛헛하고, 삶의 의미가 무엇인지 모르겠고, 허무함을 느끼는 때가 많다. 그래서 점점 자극적이고 파괴적인 형태의 것들에 나를 노출시킨다. 마치 미친 듯 먹어대는, 그래서 대면을 꺼리고 단절되어버리는 찰리처럼.

하지만 우리는 삶을 이어가야 한다. 그러기 위해서는 실패하고 좌절할 수 있지만, '나'라는 존재가 하찮게 느껴지는 순간을 버텨내고 이겨낼 힘을 줄 삶의 아름다움을 찾아야 한다. 도무지 넘어설 수 없는 모비 딕과 같은 거대한 시련이 있다고 하더라도, 미지의 세계를 향해 나아가고자 하는 의지를 가질 수 있는 것은 고래 그 자체와 바다가 주는 장엄한 생명의 아름다움이 있기 때문이다.

그 아름다움을 느끼고 감각하는 방법으로 '글'을 선택했기 때문에 〈더 웨일〉이 많은 사람에게 공감을 이끌어낼 수 있었다고 생각한다. 부단한 의지를 가지고 읽어야만, 솔직하려고 각고의 노력을 하고 써야만 읽고 쓸 수 있는 것이 '글'이다. 그래서 읽기와 쓰기는 인간의 삶을 닮았다. 진심을 다해 읽고 쓴다면, 우리는 보지 못했던 세계를 이해할 힘을 갖게 되고, 지치고 힘들어도 삶의 의미를 찾을 수 있다는 것을 인간 역사에 남겨진 수많은 이야기가 말한다. 세계대전이나 식민 지배, 극심한 독재 탄압이나 차별을 당한 시대를 살았던 사람들이 역설적으로 '인간다움' 혹은 '아름다움'에 대한 글을 더 많이 썼던 것도 바로 그 이유일 것이다. 목숨을 걸고서라도 남긴 글은, 잔인한 시대에서도 존엄을 지키는 것이 인간의 아름다움이라는 것을 잊지 않도록 하는 강력한 힘이 있다.

『모비 딕』의 고래 묘사 챕터처럼 때로는 장황하고 이게 무슨 쓸모가 있는지 의아해지는 글일지라도, 우리에게는 우리의 생명을 이어가게 하는 아름다운 글이 필요하다. 찰리가 그랬듯, 참았던 숨을 뱉어낼 수 있는 그런 글이 우리 모두의 삶에 필요하다. 엘리가 써낸 최고의 에세이처럼, 솔직하고 정직한 글 말이다. 인간은 그런 글을 통해 삶의 의미를 찾을 수 있고, 만들 수 있다. 그것이 인간의 인간다운 생존 방식이었음을 잊지 않아야 할 것이다.

함께 생각해보기

1. 삶이라는 바다에서 모비 딕을 만나다

"나를 이스마엘이라 불러다오." 유명한 이 문장으로 시작하는 소설 『모비 딕』은 미국 문학사에서는 물론이고 전 세계에서도 위대한 소설로 손꼽히는 작품입니다. 18개월 동안 고래잡이배를 탄 자기 경험을 바탕으로 쓰인 『모비 딕』은 향유고래 '모비 딕'을 잡기 위해 사투를 벌이는 사람들에 대한 이야기입니다. 허먼 멜빌의 작품에는 상징적인 표현이 많이 쓰이는데, 이 작품에서도 마찬가지로 상징이 많습니다. 작품 속 인물과 상황에 담긴 상징적 의미들을 생각하며 읽으면 정말 다양한 이야기를 발견할 수 있고, 그래서 오랫동안 많은 사람에게 사랑받는 작품이 아닐까 생각합니다.

『모비 딕』에는 이상하리만치 '모비 딕'을 잡는 일에 집착하는 아하브 선장이 나옵니다. 고래잡이배 피쿼드호의 선장인 아하브는 과거 자신의 다리 한쪽을 물어간 '모비 딕'을 죽이기 위해 모든 것을 다 걸었습니다. 모비 딕에게 복수를 하고 싶은 것인지, 아니면 그저 닿을 수 없는 목표에 도전하고 싶은 정신인지 알 수 없습니다. 모비 딕이 자신의 다리를 물어간 것이 어떤 의도를 가지고 한 것이 아님을 아하브도 알고 있지만, 그것은 그에게 크게 중요하지 않습니다. 오직 모비 딕을 잡는 것이 삶의 목표일 뿐이지요.

허먼 멜빌이 아하브 선장을 통해 말하고자 했던 바는 무엇이었을까요?

허황된 목표를 쫓는 자, 아하브

이원준(16세)

아하브가 모비 딕을 그토록 필사적으로 쫓는 이유가 무엇일까요? 그것이 아하브의 허황된 믿음 때문이라고 생각합니다. 아하브는 자신의 인생을 불행하게 한 원인인 고래 한 마리를 죽이는 것이 평생의 한을 풀고 자신의 삶을 평소대로 돌려낼 유일한 방법이라고 생각합니다.

저는 이 관점에서, '모비 딕'이 상징하는 바는 사람들이 쫓는 일차원적인 목표가 아닐까 생각했습니다. 우리는 너무나도 많은 환상을 가지고 있습니다. 명문대학교에 입학하면 인생이 탄탄대로일 것이라는 믿음, 대기업에 취직이 되기만 하면 앞날은 걱정이 없을 거라는 믿음은 어느샌가 다수의 머릿속에 깊이 자리 잡았습니다. 제삼자의 시선으로 그들을 보면, 오직 하나의 목표를 향해 질주하는 아하브처럼 보입니다.

『모비 딕』을 읽다 보면 선장 아하브가 모비 딕을 보았다는 소식에만 열중해 아들을 구해달라는 레이첼호 선장의 간절한 부탁을 정말 차가운 모습으로 거절해버리거나, 선원 페달라가 모비 딕을 사냥하는 중 로프에 의해 목숨을 잃었는데도, "더 이상은 안 된다"는 동료들의 말을 무시한 채 배를 전진시키는 등 목표에 눈이 멀어 인류애를 잃어버린 모습이 등장하곤 합니다.

많은 독자들이 『모비 딕』을 읽으면서 아하브의 모습에 부정적인 시선을 가졌을 수도 있습니다. 하지만 저는 우리의 모습도 아하브와 닮아 있다는 생각이 들었습니다. 우리가 살아가는 현재는 작품 속의 아하브가 살았던 때보다 허황된 목표가 될 수 있는 것이 훨씬 더 많은 세상입니다. 조금만 둘러봐도 대학 입학을 위해, 대기업 취직을 위해서만 살아가는 사람들이 많습니다. 이 세상에 자신만의 모비 딕을 가지고 사는 사람은 생각보다 많습니다. 또, 자신만의 모비 딕을 좇으며 자신도 모르게 아하브와 같은 모습을 보였을지도 모르겠습니다. 『모비 딕』이 세상에 나온 지 백년하고도 수십 년이 흘렀지만, 『모비 딕』을 읽다 보면 허먼 멜빌이 21세기 사람 같다는 생각을 하게 됩니다.

하준수(17세)

조금 더 시야를 넓혀보면, 국가의 이득을 위해 다른 국가를 공격하는 전쟁 또한 이 시대의 '아하브'가 될 수 있습니다. 전쟁의 이유는 본질적으로 사람들이 경쟁에 이겨 좋은 대학교에 가려고 하는 것과 크게 다르지 않습니다. 다른 것이 있다면 취해야 할 것이 있지만 순탄치 않을 때 최후의 수단으로 폭력을 사용하는 것뿐입니다. 모든 지도자는 전쟁을 통해 국가에 이득과 안정을 가져올 수 있다고 굳게 믿지만, 실상 돌아오는 것은 '윤리적이지 못한 국가'라는 주변의 비난과 더 큰 마찰뿐입니다. 이러한 상황에서 전쟁을 하나의 도구로 사용하는 인간의 모습 또한 아하브와 다를 바 없습니다.

정하진(16세)

저는 오늘날 아하브는 숫자를 쫓는 사람이라고 생각합니다. 지금 시대에는 정말 대다수의 목표가 숫자와 연관이 되어 있는 것 같습니다. "나는 몇 등급이 되고 싶다.", "나는 1순위 대학교에 다니고 싶다." 학교에서도 학생들을 그렇게 수치화해서 부르곤 하죠. 어떨 때는 이름 대신 학번이, 나의 성적이 마치 '나'가 되는 것 같습니다. 때로 그 숫자를 위해 친구에게 노트 필기를 보여주기 싫다든지, 친구를 돕는 것에 대해서도 이기적으로 생각하게 됩니다.

그 결과 오늘날 청소년들의 삶의 목표가 "나는 고등학교에 가서 1등을 한 다음에 1지망 대학교에 가서 4학년에 바로 10대 대기업에 취업하는 게 목표야"처럼 너무나 딱딱하게 수치화된 것 같습니다. 그리고 이것이 삶의 수단이었다는 사실을 잊어버린 채, 오직 이를 향해 달려갈 뿐이지요. 아하브는 무엇이 나를 살게 하는지 생각하지 않고 커다란 숫자를 향해 달려드는 다수의 현대인들이 아닐까요?

불가능한 것에 도전하는 자, 아하브

> "세상에서 가장 위험하고 긴 항해를 한번 끝냈다 해도 뒤에는 두 번째 항해가 기다리고 있을 뿐이며, 두 번째 항해를 끝냈다 해도 뒤에는 세 번째 항해가, 그 뒤에도 또 다른 항해가 영원히 기다리고 있을 뿐이다. 그렇다. 세상에서의 우리의 노고란 그처럼 모두 끝이 없고 견뎌내기 힘든 것들이다."
>
> –허먼 멜빌, 『모비 딕』 중에서

이윤영(16세)

자기 다리를 빼앗아간 백 고래를 죽이기 위해 평생을 바치는 아하브의 모습은, 쉽사리 이해되지 않습니다. 소설 속에서도 그의 그런 모습에 대해 다른 이들은 "목숨 구했으면 그만이지, 복수는 허무한 게 아니오? 그 고래를 죽인다고 해서 잘려 나간 다리가 돌아오기라도 한답니까?"라며 의문을 표하기도 합니다. 그래도 아하브는 항해를 멈추지 않습니다. 모비 딕에게 광적으로 집착하며, 그를 찾아 나섭니다. 그렇게 아하브는 끝내 평생의 숙원이었던 모비 딕을 만나게 되고, 작살을 던집니다. 하지만 모비 딕은 아하브의 배를 부수고, 그를 물속으로 끌고 들어갑니다. 아하브가 평생을 바친 항해의 마지막은, 그렇게 허무하게 물속으로 가라앉습니다.

언젠가 저는 친구와 죽음의 의미에 관해서 서로 의견을 나눈 적이 있습니다. 그 친구는 죽음을 '허무'라고 생각했고, 죽음으로 인해 삶이 종료되기 때문에 자신의 선택이 아니라 타인이나 외부적 요인에 의해서 죽음에 이르는 순간 삶은 아무런 의미를 가지지 못한다고 생각했습니다. 그런 친구의 시각으로 아하브를 바라본다면, 그는 결과적으로 모비 딕을 찾아 나서는 삶만을 살다가 죽었고, 그의 삶은 모비 딕에 의해 종료되었기 때문에 더 이상 아무런 의미를 지니지 못합니다.

하지만 저는 이런 아하브의 삶과 죽음을 조금은 다르게 해석하고 싶습니다. 아하브는 분명 모비 딕에 의해 비참한 최후를 맞이했지만, 자신의 다리를 빼앗아 간 존재에게서 도망치거나 숨지 않았습니다. 상대의 신체를 훼손시켜, 가져갈 수 있는 존재라는 것은 상대보다 더 강하다는 것을 증명하는데, 아하브는 그런 존재에게서 살아남은 뒤에도, 물러서지 않고 자기 손으로 그 대상을 죽이고 싶어했습니다.

그런 점에서 저는 아하브를 고래에게 맞설 수 있는 존재, 자신을 죽일 수 있는 존재에게 당당히 맞설 수 있는 존재를 상징한다고 생각합니다. 또한, 타인의 삶을 어떻다고 평가하는 이들로부터 맞서서 자신이 진정으로 원하는 목표를 향해 일생을 바칠 용기를 상징한다고 생각합니다. 비록 그는 가라앉았지만, 우리 모두에게 '각자의 고래들'에게 작살을 던질 용기를 잃지 말라고 소리치는 것 같습니다.

하준수(17세)

아하브를 담대한 용기를 갖고, 거대한 힘에 맞설 수 있는 존재로 해석한다면, '모비 딕'은 기존의 사회 규범이나 제도라고 생각할 수 있습니다. 아하브는 '모비 딕'을 사냥하는 과정에서 여러 차례 죽을 고비를 넘기고, 주변의 많은 것을 잃게 됩니다. 많은 사람이 좇는 성공의 방법과는 다른 길을 모색하기는 이처럼 어려운 일입니다. 이상하게 여기는 타인의 시선, 계속해서 밀려오는 불신을 이겨내야만 이 여정을 이어갈 수 있기 때문입니다.

하지만 그러한 도전은 어렵더라도 반드시 필요한 것이기도 합니다. 집단적으로 절벽을 향해 달려가 죽음을 맞이하는 레밍과 같이, 겪어보지 않고 두 눈으로 직접 확인하지도 않은 채 입시와 취업, 경제적 성공이라는 절벽으로 향하는 청년들에게 성공이란 단지 '남들이 모두 원하는 것'에 지나지 않습니다. 많은 사람이 그토록 바라고 추대하기에, 나 자신에게도 가치 있을 것으로 생각하게 된 것입니다. 이를 떨쳐낼 힘이 과연 우리에게 있을지는 불분명합니다. 그러나 아하브의 굴복하지 않는 마음과 정신은 수많은 선원의 마음을 움직였고, 제게도 그렇게 노력할 의지를 불어넣어줍니다. 비록 실패하더라도, 살아남은 이스마엘처럼 이 이야기를 전해줄 사람이 반드시 있을 것이니, 실패가 아니라고 할 수 있지 않을까요?

이원준(16세)

『모비 딕』에 나오는 고래잡이를 긍정적인 의미로 읽기에는 부족하다고 느끼는 순간, 문득 어느 이야기를 떠올리고서 이렇게 생각해볼 수도 있지 않을까 생각했습니다. 『눈먼 자들의 도시』의 저자 주제 사라마구가 자신의 어린 시절 기억을 정리한 『주제 사라마구,

작은 기억들』에 실린 물의 침묵에 대한 이야기입니다. 주제 사라마구가 어렸을 때 마을 근처 강에서 낚시하다가 큰 물고기가 나타났는데, 너무 힘이 세서 낚싯줄과 낚싯바늘, 찌와 추까지 다 놓쳐 강물에 빠지고 말았습니다. 다시 그 물고기를 잡으려고 새 낚싯대를 들고 와 한참을 기다렸지만 결국 물고기가 나타나지 않았던 이야기인데요. 낚시에 실패했던 경험담으로 기억할 수 있지만, 주제 사라마구는 이때를 조금 특별하게 기억합니다. 바로 그 물고기를 언젠가 "누군가가 반드시 그 물고기를 잡을 것을 확신"하는 방식으로 말이지요. 주제 사라마구는 시민으로서 소설을 썼던 작가였습니다. 인간의 역사는 계속 이어지므로, 지금 완성할 수 없다고 해서 포기하거나 좌절하지 말라는 이야기를 끝없이 했던 작가이지요. 그래서 그는 어린 시절에 물고기를 자신은 놓쳤지만, 결국 그것을 누군가가 잡았을 것이라 확신하지 않았을까 생각합니다.

허먼 멜빌은 인간의 오만함과 자만심을 경계하고 비판하기 위해 모비 딕 사냥에 실패하는 인간의 모습을 그렸을 것 같지만, 또 한편으로는 그렇게 계속 무모해 보이는 시도를 해내는 것이 인간의 운명이라는 말을 하고 싶었던 것이 아닐까 생각합니다.

아하브 선장을 포함해 배에 함께 탄 모든 선원의 선택과 그에 따른 결과를 어떻게 이해할 것인지에 대한 정답은 없습니다. 하지만 분명한 것은, 우리의 삶도 소설 속 등장하는 사람들과 다르지 않다는 것입니다. 이 소설이 이토록 오랫동안 많은 사람에게 읽힌 이유는, 무모하고 어리석고 의미 없어 보이지만, 끝없이 항해를 나서야 하는 것이 인간의 숙명이기 때문 아닐까요? 내가 쫓고 있는 '모비 딕'이 무엇인지, 나를 위협하는 '모비 딕'이 있음에도 바다로 나서야 하는 이유는 무엇인지, 그것에 맞서 싸우는 방법은 무엇인지 끝없이 질문하면서 말입니다. 비록 모비 딕을 쫓았던 아하브 선장은 죽음으로 끝을 맺었지만, 우리는 또 다른 항해를 시작해야만 합니다.

2. 우리가 문학을 읽는 이유

인간의 삶에 문학은 왜 필요할까요? 이스라엘 소설가 에트가르 케르트는 소설을 읽으면 현실에서는 만나기 힘든 인물을 만날 수 있고, 소설 속에서 먼저 경험해본 일이라면 현실에서 조금 더 잘 이해할 수 있다고 말합니다. 『패트릭과 함께 읽기』의 저자 미셸 쿠오는 문학을 통해 자신의 감정과 생각을 표현할 방법을 배울 수 있기에, 자기 자신과 다른 사람의 삶을 이해하는 폭을 넓힐 수 있다고 말합니다. 두 작가는 모두 문학작품을 읽는 것은 타인과 사회를 이해하는 힘을 길러준다고 말한 것이지요. 하지만 이제 문학을 읽지 않는 시대가 되었습니다. 짧고 자극적인 콘텐츠에만 많은 사람들이 몰두합니다. 하지만 잠깐 스치듯 본 것들로, 혹은 일부만 단편적으로 본 것으로 서로를 온전히 이해하기 어렵습니다. '숏폼의 시대' 속에서 여전히 문학작품을 읽어야 하는 이유는 무엇인가요? 한국 청소년들이 문학을 읽고 자유롭게 이야기 나눌 수 있다면 어떤 변화가 생길까요?

정하진(16세)

문학작품이 우리를 가장 잘 이해하는 때가 있다고 생각합니다. 이야기를 끝까지 함께하고 나면 나 자신에게 보상을 준 기분이 들 때도 있고, 순간적인 감정보다 훨씬 더 깊게 저를 위로하고 감싸주기도 합니다. 숏폼의 시대에 우리가 문학작품을 읽어야 하는 이유는 우리가 계속해서 소통해야 하기 때문입니다. 짧고 빠르게 소통하는 방법도 있지만, 길더라도 인내심을 갖고 임할 때, 진정한 대화로 나아갈 수 있습니다.

영미문학자 정은귀는 "시인은 저주받은 존재이다. 시인은 눈 멀지 않았기 때문이다"라고 말했는데요. 이 말처럼 정말 문학을 제대로 읽는다면, 더 이상 눈이 멀지 않은 사람이 될 수 있을 것입니다. 우리는 문학을 통해 세상을 상상하고, 만들고, 뒤집어엎고, 바꿉니다. 그래서 힘들게 느껴질 수도 있지만, 그로 인해 진정한 행복을 느낄 수 있을 것입니다. 무엇인가를 알게 되는 행복은, 무엇을 더욱 좋아하게 만드는 힘이 된다고 생각합니다. 그렇다면 사회에 더 큰 행복을 불러오는 것이 바로 문학이 아닐까요? 도서관이 많아지고, 친구와 같은 책을 읽고, 친구와 대화도 더 길어지면, 서로에 대해 더 잘 알게 되고, 다른 사람에 대해 많이 이해하게 되며 행복이 더 커지는 사회가 될 것 같습니다.

이강욱(16세)

제 주변 친구들은 일단 문학 읽기를 좋아하지 않습니다. 5분짜리 영상조차 지루해하는 친구들에게 문학의 중요성은 잊힌 것 같습니다. 책을 읽는 사람은 '노잼'이라는 생각이 편견처럼 박힌 친구들은 학교에서 책 읽고 독후감 쓰기를 숙제로 받아도, 그마저도 아예 하지 않습니다.

어떻게 해야 사람들이 문학을 다시 읽을까요? 지루해하고 귀찮은 '문학 읽기'를 왜 해야만 한다고 설득할 수 있을까요? 저는 문학 작품을 읽을 때, 문학적 상황에 집중하고 스스로 그 작품 안에 들어가서 문학을 읽습니다. '내가 화자였다면 어떤 행동을 했을까?', '내가 화자라면 어떻게 반응했을까?' 같은 질문과 답을 계속하는 것이죠. 그러다 보면 다음 장면에서는 작가에 대한 놀라움이 들 때도 있고, 실망이 들기도 합니다. 어떤 상황이든 저는 한 단계 제가 성장한다고 느끼게 됩니다.

문학을 '읽기'로 한정하지 않고, 내 삶과 엮기 시작하면 더욱 이야기할 것이 많습니다. 생에 모든 순간을 문학과 연관해서 생각해본다면, 연결고리가 있는 많은 책이 떠오릅니다. 저는 선택의 상황이나 어려움이 닥치는 순간을 문학에 적용해보고, 문학적 유사성을 내 삶에서 발견하려고 애씁니다. 그럴 때면 책을 쓴 저자가 제 곁에 와서 이야기해주는 느낌을 받습니다. 이런 경험을 모두가 해볼 수 있도록 설득하고 싶습니다. 문학 읽기가 여전히 가장 효과적으로 삶을 바꿔줄 것이란 걸 계속해서 이야기하고 싶습니다.

이원준(16세)

한국의 교육이 경쟁을 중요하게 여기다 보니, 대부분의 청소년들은 많은 스트레스를 받게 되고, 이를 제대로 해소하지 못한 채 마음속에 묻어버립니다. 그 결과 공부에만 몰두하고 주변을 살필 줄 모르는 청소년이 우리 사회에 많아졌습니다. 저는 문학이 사람들에게 위안이 될 수 있다고 생각합니다. 저 역시 문학을 통해서 위로받는 편입니다. 청소년이 문학을 접하고 읽는다면, 문학으로부터 위안을 얻고 스트레스를 해소하고, 마음의 안정을 찾을 수 있을 것입니다. 마음에 조금의 여유가 찾아올 것이고, 그 여유 속에서 주변을 살피고 다른 사람과 연대할 가능성을 발견하겠지요.

숏폼과 영상으로 느끼는 행복은 불안으로부터의 일시적 도피일

뿐 해결책이 될 수 없다고 생각합니다. 올해 1학기 기말고사 때, 공부해도 불안함이 떠나지 않았고 결과적으로 몸과 마음이 다 힘들었습니다. 그때 저는 짧은 생각으로 핸드폰을 보며 일시적 도피를 하고 있었는데, 아무 생각 없이 계속 보고 있던 SNS의 한 페이지에서 정말 위로가 되는 문학책의 한 구절을 발견했습니다. 잠시의 즐거움을 주는 영상보다, 생각을 할 수 있도록 도와주는 문장이야말로 진정한 위로라는 것을 느꼈습니다.

그래서 저는 문학이 없어져서는 안 된다고 생각합니다. 문학은 저에게 진정한 위안이 되어주었고, 다른 사람들에게도 그랬을 것이며, 그럴 것입니다. 특히 청소년이 함께 책을 읽고, 같은 고민을 나누며 성장한다면, 그들이 만들 미래의 세상은 얼마나 아름다울까요? 불안한 시기 감정을 나누고, 때론 사회의 불합리한 점에 대해 같이 공부하고 함께 분노하기도 하겠지요. 그렇게 문학을 읽는 청소년이 만들어갈 세상은 분명 더 살기 좋아질 것입니다.

박미주(17세)

숏폼에서도 명언이나 문학작품 요약 등을 볼 수 있습니다. 하지만 저는 그게 그저 지루함을 달래거나 정보를 얻기 위함이라고 생각합니다. 문학작품은 길고, 읽기 힘들 때도 있지만, 맥락 속에서 읽어야 하고, 그러다 보니 그 시간에 느낀 것이 나중에 더 기억에 오래 남게 됩니다. 내용을 그저 받아들이는 것이 아니라 나만의 것으로 해석하는 과정은, 어려움에 부닥칠 때마다 저에게 많은 위로와 도움이 되었습니다.

저는 문학을 읽을 때 제 감정에 대해 많이 생각하게 됩니다. 감정은 공부에 도움이 안 될 때가 많아, 평소 감정에 대해 생각하지 않으려는 경향이 있고 그러다 보니 점점 나 자신의 감정에 무감각해지는 것 같습니다. 그 결과 다수가 좋아하고, 추구하는 방향이 나의 감정이라고 생각하고 추구하며 살게 되는 것이라고 생각합니다. 그런데 『패트릭과 함께 읽기』의 저자 미셸 쿠오는 감옥에 갇힌 제자 패트릭에게 문학작품을 읽을 기회를 주었고, 패트릭은 문학 읽기를 통해 자신의 감정과 생각을 표현할 방법을 배웠습니다. 여전히 패트릭의 삶은 가난하고 불안정하지만, 딸을 사랑하는 마음을 간직할 수 있고, 자신을 슬프게 하는 것을 말할 수 있게 되었으며, 상처받지 않도록 스스로를 위로하고 주변을 돌볼 수 있는 사람이 되었습니다.

한국 청소년들이 패트릭처럼 문학을 읽을 기회와 방법을 배우게 된다면, 어떤 변화가 생길까요? 혹은 우리 사회가 문학작품을 읽고 패트릭과 같은 변화를 경험한다면, 사회 전체에 어떤 변화가 생길 수 있을까요? 저는 분명 모두가 자신의 감정과 생각에 집중하고 표현할 수 있다면 다양성이 인정되어 획일화되지 않은, 풍요로운 문화의 세계가 될 수 있다고 생각합니다.

함께 읽어볼 책과 영화

- 『모비 딕』 허먼 멜빌 지음, 김정우 옮김, 푸른숲주니어, 2007
- 『문학은 자유다』 수전 손택 지음, 홍한별 옮김, 이후, 2007
- 『물의 침묵』 주제 사라마구 지음, 남진희 옮김, 살림어린이, 2011
- 『사피엔스』 유발 하라리 지음, 조현욱 옮김, 김영사, 2023
- 『패트릭과 함께 읽기』 미셸 쿠오 지음, 이지원 옮김, 후마니타스, 2022
- 〈더 웨일〉, 대런 아로노프스키 감독, 2023

읽다, 새로운
세계를 열다 — 2

역사·사회

인류가 현재 직면한 위기를 극복할 방법은 무엇인가?

함께 나눌 질문

· 더 큰 폭력을 막기 위한 폭력은 정당화될 수 있는가?
· 하나의 세계는 가능한가?

오늘날 인류가 생존하기 위해 가장 먼저 해야 할 일은 무엇일까? 기후위기를 막는 일일 수도 있고, 핵전쟁을 저지하는 일일 수도 있다. 인류의 존속 자체를 위협하는 일은 너무나도 확실하고 강력하게 실재하지만, 우리의 일상은 그에 비해 너무나 평온하다. 가라앉고 있는 배 위에서 한가롭게 파티나 즐기는 것처럼 느껴지기도 한다. 세계 곳곳에서 이해하기 어렵고 감당하기 버거운 일들을 마주할 때면 이 문제를 해결할 방법은 정말 없는 것일지 생각한다. 비슷한 일을 경험한 시대나 사회가 이 문제를 극복할 수 있었던 방법이 무엇이었을지 찾아보게 된다. 과연 우리는 이대로 살아도 괜찮은가?

문제를 해결하기 위해 더 큰 문제를 만들다, 영화 <오펜하이머>

영화 〈오펜하이머〉는 물리학자 J. 로버트 오펜하이머를 중심으로 제2차 세계대전을 끝내기 위해 인류가(혹은 미국이) 어떤 선택을 했는지 보여준다. 당시 히틀러로 상징되는 광적인 폭력이 전 세계를 공포에 떨게 했고, 공교롭게도 과학의 진보는 핵분열 기술에 아주 가까이 가 있었다. 히틀러의 손에 핵폭탄을 먼저 쥐어주어서는 안 된다는 일념으로 모인 과학자들이 미국 정부의 지원으로 사력을 다해 핵폭탄을 개발했다. 이 역사적 사실을 영화는 3시간 동안 보여주는데, 역사적 사실을 기반으로 한 영화기에 이미 결말은 정해져 있다. 결국 핵무기는 개발되었고, 핵폭탄으로 세계대전은 끝났지만, 이후 끝없는 핵의 위협 속에 살아가는 현재 말이다. 과연 그것은 최선의 선택이었을까? 아니라면 어떤 선택을 해야만 했을까?

핵무기의 의미를 대중에게 알리기 위해 전 세계 수많은 전문가가 쓴 『하나의 세계, 아니면 멸망』에도 이에 대한 여러 고민들이 담겨 있다. 각자가 주목하는 바는 달랐지만, 모두 하나같이 "하나의 세계(One World)"를 만들어야 한다고 힘주어 말한다. 방어가 불가능한 강력한 무기를 경험한 인류가 선택할 수 있는 길은, 사회의 개념을 세계로 확장해 전쟁이 아예 없어지도록 하는 것밖에는 없다는 것이다.

불가능한 꿈인가? 1919년 제1차 세계대전의 승전국들인 빅4라 불리는 미국, 영국, 프랑스, 이탈리아 정상들이 평화 조약을 협의하기 위해 파리에 모였다. 그 자리에 한 경제학자도 참석했는데, 그는 비록 제1차 세계대전의 주범이 독일이지만, 배상금은 독일이 지급 가능한 능력 범위 안에서 책정해야 하며, 독일을 증오할 것이 아니라 독일과 함께 공존하는 세계를 향해야 한다고 주장했다.

> "그럼에도 독일을 돕는 것이 바람직하다는 견해가 서부 유럽의 민주주의 국가들 사이에 채택되고 거기에 미국의 재정적 지원이 더해진다면, 하늘은 유럽인 모두를 도울 것이다. 그러나 만약에 서유럽의 민주주의 국가들이 교묘하게 중부 유럽을 빈곤하게 만드는 것을 목표로 잡는다면, 감히 예견하건대, 머지않아 복수전이 펼쳐질 것이다."
>
> –존 메이너드 케인스, 『평화의 경제적 결과』, 246쪽, 부글북스

이 경제학자는 바로 존 메이너드 케인스이다. 만약 그곳의 정상들이 케인스의 말을 들었다면 최소 6천만 명 이상이 사망한 것으로 추정되는 인류 역사상 가장 큰 피해를 준 파괴적인 전쟁이었던 제2차 세계대전을 피할 수 있었을지도 모른다. 케인스는 관용을 강조하며, "훗날 결과가 우리를 실망시킬지라도, 우리는 보다 밝은 기대를 바탕으로 행동해야 하고, 한 나라의 번영과 행복은 다른 나라의 번영과 행복을 증진시킨다고 믿고, 인간의 연대는 허구가 아니라고 믿고, 또 국가들은 서로를 동료로 대할 수 있다고 믿어야 하는 것이 아닌가?"라고 성토했다. 그는 여전히 자신들의 이익에만 몰두하는 빅4를 강력하게 비판하며 책을 써 내려갔고, 그 책이 바로 『평화의 경제적 결과』다. 케인스가 말한 관용이, 하나의 세계로 향하는 하나의 방법이다. 모든 국경을 허물자는 것이 아니라, 이익을 위한 하나의 결사체 혹은 연합체의 방식으로도 하나의 세계는 가능하다.

제3차 세계대전은 일어나지 않을 수 있을까?

결국 서로의 이권을 포기하지 못한 채 파리강화회의는 끝났고, 그 결과는 제2차 세계대전이었다. 그리고 더 이상의 전쟁이 없게 하기 위해 인류는 핵폭탄을 개발해냈다. 〈오펜하이머〉 영화에도 잘 표현되었듯, 일본 열도에 떨어진 두 발의 핵폭탄의 위력은 상상을 초월했고, 이 폭탄이 다시는 쓰이지 않도록 해야 한다는 합의가 전 지구적으로 이루어지는 듯했다. 결과적으로 UN이라는 세계 연합체가 만들어졌고, 이것은 분명한 인류의 진보이다. 하지만 여전히 전쟁이나 팬데믹, 경제위기, 기후위기와 같은 전 지구적인 현안에 대해서 UN은 유명무실해 보이는 듯하다. 그럼 UN보다 강력하고 실질적인 힘을 가진 하나의 세계는 언제, 어떻게 가능할 것인가?

일본 철학자 가라타니 고진은 그것이 안타깝게도 제3차 세계대전일 가능성이 높다고 예견했다. 고진은 인간의 역사를 교환양식으로 구분해서 본다. 크게 네 가지의 교환양식이 있는데, 첫 번째는 호수적 교환으로 증여와 답례의 원리다. 고대 씨족사회에서 이루어졌던 형식인데, 이것이 시대를 지나며 약탈과 재분배의 원리로 바뀐다. 지배하는 자가 피지배자를 보호하는 방식으로, 국가의 탄생이다. 이 교환양식은 진화해 상품교환에 이르렀는데, 지금 우리가 살아가는 세계의 원리다. 자본의 원리로 운영되는 세계 시스템이다. 그리고 그 다음 단계로 나아가야 하는데, 그것이 무엇이 될지는 알 수 없다. 하지만 교환양식의 변화가 필요한 것은 분명하다. 그 이유는 자본주의적 교환양식의 한계가 이미 곳곳에서 드러나고 있기 때문이다.

자본주의 사회에서 생계를 유지해야 하는 대부분의 노동자들은 스스로 노동력을 상품화해야 하며, 그러한 노동을 통해 만들어진 상품을 다시 스스로 사야 하는 시스템 아래 놓이게 된다. 즉, 생산수단을 소유하고 있지 않기에 자기 노동력밖에는 팔 것이 없다는 것이 오늘날 우리 대부분이 공동으로 처한 노동자의 상황인 것이다. 자본에 의해 강제되어 상품화된 삶을 살아가는 노동자들은 자신의 삶을 공적으로 결정하는 위치에 설 수 없다. 그것은 오늘날의 실질적 노동자뿐만 아니라 노동자가 되기 위해 살아가는 청소년, 청년들도 마찬가지다. 자본가가 바랄 것이라고 예상되는, 자본가를 위한 조건들을 충족시키기 위해 자격증을 따고, 어학연수를 다녀오지만, 자신의 기본적인 근무조건부터 의료나 교육으로 대표되는 기본적인 복지와 삶의 질의 문제, 환경문제 등의 전 지구적 문제에 대한 국가적 입장을 직접 결정할 수 없음은 물론이고, 노동자들 간의 연대로 그것을 일부 성취한다 한들, 기업 내 '을'의 위치에서 벗어날 수 없다.

공동의 문제에 보편적인 입장에서 관심을 기울이고 참여하는 것이 불가능한 현상의 본질에는 상품교환에 근거한 자본주의 사회에서 필연적으로 발생하는 화폐를 가진 자와 상품을 가진 자(노동자) 사이의 근본적인 불평등이 존재한다. 그리고 이 모순이 국내적으로 경제적 양극화라는 형태로 끊임없이 드러나기 때문에 자본주의가 발전한 국가는 언제나 불평등을 해결하라는 국민의 요구에 직면하게 된다. 하지만 국가가 사회 양극화를 해소하기 위해 복지지출을 늘리려고 할 때, 늘 부딪히게 되는 것은 다른 국가와의 경쟁이다. 자본주의는 근본적으로 세계 경제의 바탕 위에 성립하는 것이기 때문이다. 특히 1990년 이후, 공산권의 해체와 더불어 급속히 진행된 신자유주의의 세계화는 전 세계를 하나의 시장으로 형성하면서 자본주의적 국가 간 경쟁을 더욱 심화시켰다.

그러나 자본주의의 한계는 이미 드러났다. 끊임없는 기술혁신을 통해 자본이 자기증식을 멈추지 않는다고 한들, 자원이 고갈되고 환경이 파괴되는 것을 막을 수는 없기 때문이다. 또한, 자본이 자기증식을 멈추지 않고 끊임없이 발전한다면 그로 인한 전 세계적 양극화 역시 더욱 극단적으로 심화된다. 그런데도 자본주의적 교환양식의 지배를 바꾸지 않고 그대로 두게 된다면, 결국 남는 것은 포화된 세계 시장에서 자본적 축적의 존속을 도모하는 국가 간 경쟁이 극단으로 치달아 세계는 국가에 의한 폭력적 점유 · 강탈에 기초한 세계로 퇴행할 것이다. 즉, 자본주의의 전반적 위기가 이대로 고조될 경우, 가장 일어나기 쉬운 결과는 세계 전쟁이라는 것이다.

세계 정부, 혹은 세계공화국의 탄생

근대 이후 이 세계의 가장 큰 단위의 정치적 주체는 국민국가였다. 그러나 우리가 직면하고 있는 현실은 '한 국가가 더 이상 국민을 보호하지 못할 때 어떻게 해야 하는가' 하는 질문에 적합한 대답을 내놓지 못하고 있다. 국가와 국가 사이에서, 일국 단위를 초월하여 벌어지는 고통에 대해서는 어떻게 대처할 수 있을 것인가? 여기에 대처할 수 있는 하나의 길로써 가라타니 고진이 말하는 새로운 세계시스템으로서의 '세계공화국'의 형태를 생각해볼 수 있다. 이는 하나의 권력이 군사력과 경제력의 우위를 바탕으로 세계를 제패하는 거대 제국으로서의 세계공화국을 말하는 것이 아니라, 국민국가가 전쟁을 포기하는 형태로서 거대하고 강력한 연합체가 되는 것을 뜻한다. 더 정확히 말하면 국가가 가진 전쟁의 권한을 '세계공화국'으로 증여하는 것이다. 어느 한 국가가 전쟁하지 않을 것을 전 세계적으로 공표한다면 그것은 다른 국가들로 하여금 자기 국가에서도 전쟁을 포기해야 한다는 의식의 자각이 일어나게 될 것이다. 이를 통해 신뢰를 얻고 힘의 중심이 형성될 수 있다.

하지만 과연 가능한 일인가? 이에 대해 가라타니 고진은 세계공화국이 반드시 올 것이라고 말한다. 세계 1, 2차 세계대전이 일어난 후 UN이 생겨나고 세계기구들이 여럿 생겨난 것처럼 말이다.

제3차 세계대전이 일어난다면 반드시 세계평화를 위한 기구는 어떤 형태로든 생길 것이다. 그것은 역사의 필연이자 운명이다. 그러나 우리가 해야 할 일은 그 운명에서 '세계대전'의 형태가 아닌 방식으로 거대한 세계 연합체를 실현하는 것이다.

> "인류가 세계 국가 형태를 이룩하기까지 시간이 얼마나 걸릴지, 그리고 얼마나 더 나아갈 수 있는지, 또한 무엇이 세계 국가의 입법, 행정, 사법 기관이 될는지 단호히 말할 수 있는 사람은 존재하지 않는다. 어쩌면 전부 다 실패하여 완전한 무정부 상태에 처하게 될지도 모른다. 그러나 실패할 가능성이 높다고 해서 반드시 실패한다는 얘기가 아니다. 확실히 말할 수 있는 것은—그리고 중대한 결론은—세계 국가의 잠재력이 유엔에 내재되어 있다는 점이다. (중략) 유엔은 또 다른 국제 연맹이 아니라, 세계 국가로 변모할 가능성과 잠재력을 가진 존재이므로, 우리는 그 목표를 이룩하기 위하여 전념을 다 해야 한다는 뜻이다."
>
> -월터 리프먼, 『하나의 세계, 아니면 멸망』, 「원자 에너지의 국제 관리」, 228쪽, 인간희극

세계 정부를 만드는 일, 지금의 UN보다 더 강력한 세계 연합체

를 만드는 일은 불가능해 보일 수도 있다. 하지만, 불가능해서 포기할 수 있는 일은 아니다. 지금 경제적으로, 정치적으로 어려운 상황에 부닥쳐 있다면, 그것은 체제 자체에 문제가 있고 함께 바꿔가야 하는 것이지, 특정한 대상에 대해 적개심을 품고 분노하거나 과거에 연연하며 후회나 하고 있을 일이 아니다. 현명하게 행동하지 못함으로써 이득을 보는 것이 누구인지, 우리가 무엇을 보지 못하고 있는지 명확히 알아야 한다. 혐오와 증오, 공포에 기반을 둔 정치와 경제는 당장은 통쾌할 순 있어도 결과는 파국으로 치달을 수밖에 없다. 영화 〈오펜하이머〉의 결론이자 현실이기도 한 핵의 위협에 노출된 지금이 그 증거이다.

> "나는 도덕적 세계를 이해하는 척하지 않는다. 그 세계의 궤적은 길고, 내가 볼 수 있는 것은 일부분일 뿐이다. 내가 보는 것만으로는 그 궤적이 어디로 향하고 어떻게 완성될지 알 수 없으나, 양심으로 예측할 수 있다. 나는 그 궤적이 반드시 정의를 향해 휘어진다고 믿는다."
>
> –시오도어 파커

우리가 보는 것은 기나긴 역사의 극히 일부일 뿐이다. 할 수 있는 최선의 선택을 하고자 하는 필사의 마음은 반드시 정의의 궤도로 우리를 나아가게 할 것이다. 그 목표를 이루기 위해 전념을 다하는 것만이, 우리가 할 수 있는 일이 아닐까. 지금 우리의 손에 무엇이 있는지 생각해야 한다. 우리의 손에 도덕적인 마음이, 공감하는 능력이, 자유롭고 평화롭고자 하는 의지가 있다는 것을 잊지 않을 때, 우리는 기필코 하나의 세계, 평화로운 시대를 만들 수 있을 것이다. 영화 〈오펜하이머〉의 맨 첫 장면이기도 한 줄리어스 로버트 오펜하이머의 말 “나는 이제 죽음이요, 세상의 파괴자가 되었도다”에 대해 생각해야 한다. 폭력을 폭력으로 막아설 수는 없다. 세상을 재건하는 힘을 발명해야 할 때이다.

함께 생각해보기

1. 우리는 다시 살 수 있다

1994년, 오에 겐자부로가 노벨문학상 수상자로 선정되었습니다. 일본인으로서 두 번째로 노벨문학상 수상자로 선정된 오에 겐자부로는 "애매모호한 일본의 나"라는 제목으로 수상 연설을 합니다. 1968년 가와바타 야스나리가 노벨문학상을 받고 했던 연설 "아름다운 일본의 나"를 뒤집는 연설이었지요. 오직 경제성장을 향해 달려가는 나라, 광기에 휩싸여 다른 나라를 침탈했던 나라를 '아름답다'라고 차마 말할 수 없다고 한 오에 겐자부로는 인간성을 회복하고 다른 사람을 치유하는 글을 쓰기 위해 평생을 바쳤던 사람입니다.

그에게는 선명한 어린 시절의 기억이 있었습니다. 일본이 전 세계를 상대로 전쟁하던 시기, 천황을 위해서라면 죽음도 불사해야 한다는 신념이 강요되었습니다. 문학과 자연을 사랑했던 소년에게 폭력의 시대는 감당하기 어려웠습니다. 그는 도덕적 상상력을 빼앗기지 않고자 필사적으로 노력했습니다. 고통받거나 위험에 빠진 이를 위해 무엇인가를 하는 사람, 죽음에 아파하는 마음을 가진 사람을 삶의 스승으로 두었습니다. 패전 후 아이들의 희망과 미래를 짓밟는 어른들의 말속에서도, "우리는 살 수 있다"라는 어머니의 말을 기억하며 평생을 살아냅니다.

2022년 2월, 러시아와 우크라이나 사이에 전쟁이 일어나자, 작가 노라 크루크는 두 국가에 사는 지인들에게 연락을 취했습니다. 그녀는 우크라이나 기자 K와 러시아의 예술가 D, 두 명과 주고받은 이야기를 52주 동안 실시간으로 기록하여 『전쟁이 나고 말았다』라는 책을 써냅니다. 이 책의 인물들은 오에 겐자부로가 그러했던 것처럼, 전쟁이라는 가장 참혹한 폭력 앞에서 아름답고 선한, 치유의 이야기를 놓지 않는 것으로 살아남고자 했습니다. 그것은 사랑과 연민, 부끄러움이라는 사소하고 일상적인, 인간적인 감정들이었습니다.

전쟁을 당장 막는 것도 중요하지만, 이 엄청난 폭력을 끊어내는 진짜 중요한 힘은 바로 이 폭력에 어떤 방식으로든 저항하며 살아내는 것이 아닐까요? 전쟁의 어둠이 짙게 내려 앉은 오늘날, 우리는 이 시대를 어떻게 살아내야 할까요? 다시 살 수 있기 위해, 우리가 해야 할 일은 무엇일까요?

전쟁은 어떤 얼굴을 하고 있는가

박혜민(17세)

"이 전쟁이 끝나려면 러시아가 파괴되어야 한다고 사람들이 얘기할 때면, 나는 그들에게 러시아는 언제까지나 우리 이웃 국가일 거라는 사실을 일깨우고는 한다. 우리가 보복을 한다면 전쟁은 수십 년 동안 이어질 수도 있다. 러시아를 파괴하는 건 아무 문제도 해결해주지 않을 것이다. 관계를 재건할 수 있는 자리가 필요하다."

이 문장을 통해 전쟁 중인 국가의 사람들이 서로를 증오하지만, 파괴만이 방법은 아니라는 생각을 가지고 있다는 것을 알 수 있었습니다. 보통 전쟁을 겪는 사람들은 적이 무조건 없어져야 한다고 생각할 줄 알았는데, 이들은 오히려 이웃 나라로서 서로의 관계를 다시 쌓아야 한다고 주장하였습니다. 제가 알고 있는 전쟁의 모습을 깨뜨리는 것이었습니다.

최준안(16세)

전쟁은 일으키는 사람 따로, 그 피해를 입는 사람이 따로 있다고 생각합니다. 책 속에서 "전쟁은 단순한 행동이 목숨을 살리는 데 도움이 된다는 사실도 알게 해주었고, 다른 사람들과 나누는 것이 중요하다는 것을 일깨워주었다"라는 말이 나옵니다. 하지만 이 말을 직접적으로 느끼는 사람은 전쟁을 일으킨 사람들이 아니라 평범하게 살아가던 시민들입니다. 자기 손에 자신의 생명은 물론 타인의 생명까지 달린 절박한 상황을 경험하는 건 피해를 받는 시민들뿐입니다.

대부분의 사람은 전쟁을 겪지 않습니다. 전쟁의 고통이 어떤지 그림과 글로밖에 알 수 없습니다. 그러나 전쟁의 피해가 어떠한지, 그들이 전쟁을 어떻게 받아들이는지를 아는 것이 그들의 피해를 이해하고 공감하는 첫 번째 방법이라고 생각합니다.

권준희(16세)

책을 읽기 전까지, 저는 우크라이나와 러시아 전쟁의 피해자는 우크라이나 사람이라고 생각했습니다. 가해자는 러시아이며, 이는 변하지 않는 사실이라고 말이지요. 하지만 전쟁의 피해자는 우크라이나 사람뿐만이 아니었습니다. 자신의 조국이 혐오스럽게 느껴진다는 것은 얼마나 비참한가요? 이 전쟁은 두 나라 모두를 갉아

먹고 있었습니다. 이익을 보는 사람은 러시아의 고위 정치인들뿐입니다. 더 많은 사람이 전쟁에 반대하려면 전쟁으로 피해를 보는 사람이 일부가 아니라는 사실을 모두에게 정확하게, 한편으로는 고통스럽게 알려야 한다고 생각합니다. 정적이고 아름답게 표현하기에 전쟁은 너무나도 끔찍하니까요.

전쟁의 시대를 끝낼 새로운 세대

박혜민(17세)

지금 이 순간에도 세계 곳곳에서는 수많은 사람이 전쟁으로 죽거나 다칩니다. 우리 세계는 이러한 전쟁을 목격하고서도 누구의 잘못인가 시시비비 가리기 바쁩니다. 누구의 편을 들고 가르는 것이 지금은 매우 보편적이고 때로는 당연한 일이지만, 저는 이 행동이 우리가 전쟁을 목격하는 이 순간 가장 중요한 일은 아니라고 생각합니다. 물론 특정 나라를 더 지지할 수 있고 지원할 수도 있지만, 두 편으로 갈라서 싸우는 행위는 그 자체로 옳지 않습니다. 인간으로서 단순히 이익을 먼저 생각하고 움직일 것이 아니라, 당사자들의 목소리에 귀 기울이고 아무 잘못 없는 민간인의 생명을 구하기 위해 돕는 것이 우선적인 일이라고 믿습니다. 이런 제 믿음을 지키기 위해 저는 지금 세상의 상식과 다르더라도 저의 생각을 지키며 실천하는 삶을 살 것입니다.

박기주(18세)

이기는 것이 중요하고, 이기지 못한 이들은 당연히 불평등을 감수해야 하는 사회에서 공감과 공존이라는 가치를 생각하며 살아가는 세대를 만들고 싶습니다. 한국 사회는 무조건 성공해서 돈을 많이 벌어야 한다고 생각하고 있습니다. 이 때문에 불평등이나 사회문제가 일어난다고 생각합니다. 학생들은 성공을 위해 자신의 모든 것을 쏟아 붓습니다. 이 행동이 건강하지 않은 사회를 만들어낸 것 같습니다.

저는 전쟁의 승패가 아닌 다른 문제에 대해 고민하고, 나쁜 나라 사람과 불쌍한 나라 사람을 구분하고 싶지 않습니다. 현재 많은 사람이 전쟁에 대해 연민의 감정과 분노 같은 감정을 느낍니다. 하지만 전쟁의 앞과 뒤에 대해 깊게 고민하진 않습니다. 이런 태도는 전쟁뿐 아니라 다른 사회문제에서도 좋지 않은 영향을 미칩니다.

피해자를 위한다면 연민만이 아니라 문제를 직시하고 해결하는 노력이 필요합니다. 평화를 추구하며 문제 상황을 빨리 끝낼 뿐 아니라, 다시는 똑같은 일이 일어나지 않도록 해야 합니다.

폭력의 시대, 우리는 어떻게 살 것인가

윤정서(16세)

우리는 어떻게 살아가야 할까요? 먼저 이런 질문을 하고 싶습니다. 세상은 전쟁과 질병, 혐오와 차별로 물들고 있습니다. 과연 그런 세상에서 우리는 어떻게 살아가야 할까요? 가끔은 우리에게 희망이 정말 있는지 의심이 들기도 합니다. 세상이 눈에 띄게 나빠지는데도, 우리는 아무것도 하지 않거든요. 욕심이 넘치고 유행에 민감한, 가끔은 아무 생각 없어 보이는 우리 세대가 희망이 될 수 있을까 하는 생각이 듭니다.

하지만 저는 그 희망을 저버리지는 않을 것입니다. 기성세대와는 다른 생각과 관점으로 세상을 바라볼 수 있을 거라 믿습니다. 전쟁이 나지 않길 원하고 환경을 보호하자는 의견은 우리 세대가 주도하고 있다고 생각합니다. 우리는 희망이 넘치는 세상에 살아가고 싶습니다. 저 역시 그런 세상을 만들고 싶습니다.

이강욱(17세)

세계에는 여러 문제가 여전히 존재합니다. 경제적 · 사회적 · 구조적 문제는 대부분 예전부터 해결하지 못한 문제입니다. 요즘에는 환경문제까지 대두되고 있습니다. 뉴스를 보면 모든 TV 프로그

램에서 패널들까지 나와 우리에게 말합니다. "당장 이 문제를 해결해야 합니다!", "이 문제를 해결하지 않으면 우리는 공멸할 것입니다!" 또 어른들은 살아갈 날들이 더 많은 우리에게 이렇게 말하고는 합니다. "이런 세상을 물려줘서 미안하다.", "너희가 열심히 공부해서 세계의 문제를 해결하는 사람으로 자라나렴. 우리는 이제 늙었단다." 저는 이런 말을 들으면 참 이상합니다. 우리 세대에게 그들이 더 많은 부담을 넘겨주는 것뿐 아니라, 그렇게 시급한 문제라면 아직도 영향력 있는 그들은 왜 나서지 않고 말만 하는 것일까요?

그래서 저는 실천하는 사람이 되고 싶습니다. 경제, 사회, 환경 문제 해결이 시급하다고 현실을 비판하는 것을 넘어서, 그것을 보완할 대안과 해결책을 직접 모색하며 세상에 대한 책임을 지고 실천함으로써 세계의 문제를 해결하고 싶습니다. 말만으로 가득한 사람이 아니라, 실천하는 사람이 될 것입니다. 그리고 우리 모두 그런 사람이 되기를 바랍니다. 오에 겐자부로 선생님은 일본을 향해 거침없는 비판을 던지고 세상에 그것을 알리고 잘못했다고 생각하는 일을 막기 위해 실천했습니다. 이젠 우리도 그의 정신을 이어받아, 세상에 존재하는 문제를 해결하기 위해 가치와 신념을 실천하는 삶을 살아갈 수 있기를 바랍니다.

2. 미래의 이웃에게 보내는 편지

"이웃의 친구에게 당신을 '이웃'이라고 부르는 것은 당신 이름이나 인적 사항을 전혀 알지 못하기 때문입니다. 우리가 처한 상황을 감안하면, '이웃'이라는 말은 우리의 관계를 설명하기에 너무 무심한 단어일지도 모르겠습니다. 우리는 서로의 꿈에 출몰하는 침입자이자 서로의 안식을 흩뜨리는 방해자입니다. 우리는 서로 최악의 역사적 악몽을 생생하게 체현하는 존재입니다. 그런데 이웃이라고요?

하지만, 달리 어떻게 당신을 불러야 할지 모르겠습니다. 저는 한때 우리가 실제로 만날 것이라고 믿었고, 지금도 여전히 만날 것이라는 기대를 품고 당신에게 편지를 쓰고 있습니다. 우리 집 현관 바로 너머 가장 가까운 언덕 어딘가에 자리한 집에 앉아 있는 당신 모습을 떠올립니다. 우리는 서로를 알지 못하지만 우리의 삶은 한데 얽혀 있습니다.

그래서 우리는 이웃입니다."

-요시 클라인 할레비, 『나의 팔레스타인 이웃에게 보내는 편지』, 25~26쪽, 경당

오랫동안 갈등을 겪어온 이스라엘과 팔레스타인 사이에서 다

시 전면전이 벌어졌습니다. 이스라엘-팔레스타인에서뿐만 아니라, 전 세계 곳곳에서 이스라엘과 팔레스타인을 지지하는 사람들이 양분되어 서로에게 화살을 겨누고 있고, 단순한 의견 차이가 아닌 혐오와 증오 문화로까지 번지고 있습니다. 전 세계의 분열로까지 이어지고 있는 전쟁은 왜 이토록 오랫동안 지속되는 것일까요? 이 전쟁의 끝은 언제, 어떻게 볼 수 있을까요?

『나의 팔레스타인 이웃에게 보내는 편지』는 이스라엘 국적의 작가가 팔레스타인 사람들에게 보내는 편지입니다. 유대인이자 이스라엘 국민으로서 자신이 생각하는 전쟁의 이유와 또 전쟁을 끝낼 방법에 대해 열 통의 편지로 솔직하게 이야기하고 있는데요. 그리고 책의 말미에는 그 편지를 받은 팔레스타인 사람들의 답장도 함께 실려 있습니다. 팔레스타인 사람들은 작가의 생각과 반대되는 의견에 대해 적극적으로 말하면서도, "우리가 미래의 이웃이 되기를 간절히 바란다"라고 말하고 있습니다.

누가 옳고 그르다고 말하기조차 어려운 지경에 이른 지금 이 순간, 책을 읽으며 '평화'란 무엇인지 생각하게 됩니다. 서로 다른 입장의 사람을 이해하고 용서하기 위해서는 무엇을 해야 하는지, 진정한 이웃이 되기 위해 우리에게 필요한 것은 무엇인지 깊이 고민해봅니다. 국가, 종교, 민족을 뛰어넘어 하나의 지구 공동체 시민으로서 살아가기 위해 우리는 누구를 '미래의 이웃'이라고 생각해야 하는지도 함께 고민하면 좋겠습니다. 그 이웃은 지금은 당장 가장 큰 고통을 받는 팔레스타인 사람들이 될 수도 있을 것이고, 오랜 핍박과 억압의 역사를 지나온 유대인들이 될 수도 있을 것이고, 세계에서 일어나는 일보다 눈앞의 시험이 더 중요하다고 생각하고 있는 우리 교실의 친구일 수도 있을 것입니다. 우리가 미래에는 반드시 이웃이 될 수 있도록, 우리가 가져야 할 태도가 무엇이고, 어떤 생각의 전환이 필요한지 함께 생각해봅시다.

주변의 친구들에게

미래를 위해 열심히 공부 중인 친구들에게

김루형(14세)

친구들아, 미래를 위해 열심히 공부하는 것은 정말 좋은 일이야. 하지만 공부와 눈앞의 결과에 갇혀 주변을 돌아보지 않고, 먼 미래를 바라보지 못하는 건 잘못된 것 같아. 우리가 공부하고 시험 치는 동안 세계에는 정말 많은 일이 일어나고 있거든. 우크라이나와 러시아의 전쟁, 이스라엘과 팔레스타인의 전쟁, 기후위기 같은 것들 말이야.

우리가 아무리 공부를 잘해서 훌륭한 직업을 갖는다고 해도, 저런 문제는 우리의 미래를 바꿔버릴 수 있어. 만약 지구가 2050년에 멸망해버린다면? 세계대전이 다시 일어나버린다면? 물론 공부하는 건 좋은 일이지만 때로는 주위를 둘러보며 다양한 질문을 해보는 건 어떨까? 먼 미래를 상상해보고, 책을 읽고 글을 써보는 것도 좋겠어. 그 글이 우리의 미래를, 한 사람의 생각을, 세상을 더 나은 방향으로 바꿀 수 있을지도 모르니까!

고난의 상황에 있는 친구들에게

김민(14세)

윤동주 시인의 「서시」가 생각났습니다. 시에는 윤동주 시인이 당시 일제 강점기의 고난과 시련을 '바람'이라는 단어로 표현하고 있는데, 지금의 전쟁 또는 입시 같은 어려움도 각자의 '바람'이 될 수 있다고 생각합니다. 서시의 마지막 구절인 "오늘 밤에도 별이 바람에 스치운다"라는 문장처럼 지금도 여전히 바람이 불고 있습니다. 하지만 "나에게 주어진 길을 걸어가야겠다"라는 구절처럼, 희망을 향해 달리다 보면 그 빛이 현실로 다가올 것이라고 생각합니다.

그래서 각자의 어려움을 겪고 있는 많은 친구에게 "희망을 향해 가다 보면 현실이 될 것이니 끝까지 포기하지 말자"라는 메시지를 전하고 싶습니다.

내 주변 친구들에게

최준안(15세)

지금 우리에겐 중요한 게 많지. 하지만 눈앞에 있는 시험뿐만 아니라 더 크고 중요한 것들이 우리 주변을 많이 맴돌고 있어. 직접적으로 우리의 미래를 결정지을 수 있는 환경오염, 전쟁, 출생률과 같은 문제에 대해 고민하지 않고 살아가는 사람들이 점점 많아지고 있지. 사실 우리의 미래를 결정짓는 것들은 공부뿐만이 아니야. 시험을 잘 친다고 해서 무조건 인생에서 성공한다는 보장도 없을뿐더러, 시험을 아무리 잘 쳐도 우리가 살아갈 지구가 멀쩡할 거라는 확신도 지금은 존재하지 않거든.

나는 우리가 지금 공부뿐 아닌 많은 것을 경험했으면 해. 많은 책을 읽는다거나, 여행을 가본다거나, 친구들과 함께 이런 문제를 이야기하고, 가보지 않은 곳에 가보며 새로운 경험을 쌓아보았으면 좋겠어. 진정한 행복을 위해 나중으로 미뤄야 할 일은 없어. 많은 걸 경험하고 깨달으며, 미래를 이끌어갈 한 명의 어른이 되어가는 과정이니까.

한국의 청소년들에게

백호(14세)

지금 우리는 많은 고통이 도사리는 세계에 살고 있어. 사람들은 이 세상이 예전보다 살기 좋아졌다고 말해. 기술의 발전으로 더욱 편하게 살게 되었으니까. 하지만 우리가 그러한 발전으로 얻어낸 것은 무엇일까? 우리는 그저 돈을 벌고, 자기 자신만 잘 먹고 잘살기 위해 발버둥치게 되었어. 좋은 대학에 가는 것, 좋은 고등학교에 가는 게 왜 중요할까? 도대체 왜 그래야 하는지 생각해본 적 있어? 아마 돈을 많이 벌기 위해서, 부모님이 시켜서 같은 대답이 나올 거야. 다들 자기 스스로 무엇을 위해서, 무엇을 하면서 살 것인지는 생각하지 않고 남들이 하는 대로, 부모님이 시키는 대로 하는 것일 뿐인 거지. 그렇다면 우리는 앞을 보지 못하는 사람과 다를 바 없어.

과연 이런 문제만 있을까? 우리는 협력이 중요한 시대를 살아가고 있지만, 그 사실을 잊고 서로 헐뜯고 있어. 나는 이런 세상에서 우리가 모두 "왜?"라는 질문을 가지고 살았으면 해. 왜 좋은 학교에 가야 하는지, 왜 공부해야 하는지, 왜 살아야 하는지, 왜 미워해야 하는지…. 평소에 아무 생각 없이 따르기만 했던 일들에 '왜'라는 질문을 던져줬으면 좋겠어.

세계의 이웃들에게

앞만 보고 있는 사람들에게

김도현(14세)

공부 열심히 하는 친구들아, 돈만 많이 벌려고 하는 어른 여러분, 혹시 지금 앞만 보며 달리고 계신가요? 한번 자기 자신을 돌아보세요. 앞만 보던 세계에서 무슨 일이 일어나든, 무감해져 있지는 않은지 말이에요. 특히 한국 사회에는 성적만 잘 받고, 돈만 잘 벌려 하는 분이 많은 편입니다. 그런 사람만 많아지면 우리 사회는 어떻게 될까요? 우리 지구는 어떻게 변할까요? 모두가 무감해진다면, 우리 세계는 발전은커녕 나락으로 떨어지게 될 것입니다. 이미 우리 지구는 몇 년 안 가 사라질 정도로 여러모로 엉망인 점이 많습니다.

저는 이런 상황을 이겨내기 위해 책을 많이 읽는 것이 좋다는 말을 하고 싶습니다. 나만의 소중한 책 한 권을 정하는 것도 좋은 생각입니다. 그럼, 우리 앞에 몰아치는 세찬 위기의 바람도 극복할 수 있을 것입니다.

이 세상의 사람들에게

박혜민(16세)

우리는 눈앞에 놓인 현실에 급급하여 큰 틀을 잘 보지 못합니다. 저 멀리 지구 반대편에서는 민족 간 전쟁이 일어나고 많은 사람들이 죽어가지만, 나와는 상관없는 일이라며 무관심한 태도를 보이거나, 알면서도 아무 행동도 하지 않습니다.

사실 이 모습을 나쁘다고만 할 수는 없습니다. 누구나 자신의 눈앞에서 일어난 일이 아니면 무감각해지기 때문이죠. 하지만 우리는 하나의 지구 공동체로서 살아가고 있고 앞으로도 살아가야 합니다. 그러기 위해서 우리는 항상 이 세계에 대한 자신의 책임이 무엇인지 고민해야 합니다. 자기가 직접 겪은 일이 아니라도 자신의 일이라고 생각할 수 있는 거대한 공감의 전환은 앞으로 이 세계에서 꼭 필요한 능력이 될 거라 믿습니다.

모두에게

윤정서(15세)

세계 곳곳에는 분쟁들로 가득합니다. 서로를 죽이고 증오하지요. 우리나라도 같은 민족이 서로 싸우며 갈라져 있고, 심지어 이제는 갈 수도, 볼 수도 없습니다. 요즘에는 통일이 안 돼야 한다는 의견이 더 많은 것 같습니다. 사람들은 슬픔을 서서히 잊어가고 있습니다. 팔레스타인과 이스라엘, 우크라이나와 러시아, 시리아에서 아직도 사람들은 서로 싸우고 있고, 주변 사람들은 외면하며 비겁해지곤 합니다.

우리는 마치 오직 앞만 보고 달리는 경주마처럼 자신의 미래만을 생각하고 달려가는 듯합니다. 저와 같은 청소년에게 중요한 건 성적일 것이고, 어른이 되면 돈이 중요해질 테지요. 하지만 제가 생각하기에 가장 중요한 건 행복, 도전, 자유, 무모함 같은 것들입니다. 우리가 이 시대에 가져야 할 태도는 주위를 잘 살펴보는 것입니다. 남이라는 생각을 버리고, 전쟁을 멈출 방법을 함께 고민하고 의논해보면 좋겠습니다. 미래의 우리 모두가 이웃이 될 수 있는 그런 기적 같은 세상을 꿈꾸며 말이지요!

미래의 이웃에게

장희원(15세)

바람이 부는 시대입니다. 그 바람은 너무나 강하고, 또 빨라요. 내가 쌓은 탑들이 무너질 정도로요. 무섭고 불안한 시대 속에 우리는 살아가고 있습니다.

우리는 이런 바람에 맞서기 위해 어떻게 해야 할까요? 누군가는 불꽃을 놀이에 돈을 쓰며 즐기고, 누군가는 화염이 만든 불꽃을 보고 두려움에 떨어야 하는 모순적인 세상을, 우리는 그저 바라만 봐도 괜찮은 걸까요? 저는 우리가 이런 질문을 품고 살아갔으면 좋겠습니다.

앞서 말했던 것처럼, 바람은 너무 강합니다. 우리는 그 바람에 살갗이 베이기도 할 것이고 금방이라도 날아갈 것 같은 두려움을 겪기도 할 거예요. 그런 세상 속에서 우리가 더욱 서로를 돕고 지지해야 한다고 생각합니다. 예전에 바람에 깎인 돌을 본 적이 있는데, 깎였다고 생각하지 못할 만큼 모인 돌들이 크고 아름다웠던 기억이 있습니다. 그 돌들처럼 이 시대의 바람은 날카롭고 세지만, 우리를 더 강하고 아름답게 만들어줄 수도 있다고 생각합니다.

그러기 위해서 우리는 서로에게 지지의 손길을 건네며, 변화와 도전에 당당히 맞서야 할 것입니다. 우리는 미래의 주인공이며, 함께할수록 더욱 큰 힘을 낼 수 있습니다. 연대와 사랑은 어려움을 이겨낼 힘을 가지고 있습니다. 지친 이에게 따뜻한 수프를 건네고, 슬퍼하는 이에게는 다정한 포옹을 나눠주세요.

연대와 사랑을 통해, 바람에 당당히 맞설 수 있기를 바랍니다.

함께 읽어볼 책과 영화

- 『가능성의 중심』 인디고 연구소(InK) 기획, 궁리, 2015
- 『간디의 '위험한' 평화헌법』 C. 더글라스 러미스 지음, 김종철 옮김, 녹색평론사, 2014
- 『나의 팔레스타인 이웃에게 보내는 편지』 요시 클라인 할레비 지음, 유강은 옮김, 경당, 2020
- 『세계사의 구조』 가라타니 고진 지음, 조영일 옮김, 도서출판b, 2012
- 『전쟁이 나고 말았다』 노라 크루크 지음, 장한라 옮김, 엘리, 2023
- 『평화의 경제적 결과』 존 메이너드 케인스 지음, 정명진 옮김, 부글북스, 2016
- 『하나의 세계, 아니면 멸망』 알베르트 아인슈타인 외 지음, 박유진 옮김, 인간희극, 2023
- 〈그대들은 어떻게 살 것인가〉, 미야자키 하야오, 2023
- 〈오펜하이머〉, 크리스토퍼 놀란 감독, 2023

읽다, 새로운
세계를 열다 — 3

철학

삶은 자유로운 모험인가?

함께 나눌 질문

· 자유란 무엇인가?
· 기존의 관습을 깨고 새로운 길을 개척해야만 하는가?

코로나19, 전쟁, 기후위기 등으로 인해 전 세계인의 정신 건강이 매우 심각한 문제 상황에 놓여 있다는 보고가 나왔다. 세계경제포럼은 2024년 1월에 열린 다보스포럼에서 정신 건강이야말로 경제에서 중요한 화두라고 강조했다. 생존을 위협하기까지 하는 불안한 외부 환경에 맞설 수 있는 힘을 개인이 갖출 수 있어야 하는데, 그럴만한 사회 · 문화적 자원이나 배경이 턱없이 부족하다.

인간 삶에 고통이나 고난이 없을 수는 없다. 하지만 꼭 기후위기나 전쟁과 같은 사회적인 사건이 아니더라도, 감당할 수 없거나 이해할 수 없을 정도의 거대한 시련 앞에 인간은 어떻게 맞서야 하는

가? 고통이 점철된 인생인데, 우리는 왜 살아야 하는가? 무엇이 우리를 다시 살게 할 수 있을 것인가?

어웨이, 길을 떠나는 자의 모험

애니메이션 영화 〈어웨이〉는 불시착한 비행기에서 탈출한 한 남자가 낙하산을 타고 사막 한가운데에 떨어지는 것으로 시작한다. 정신을 잃었다가 깨어보니 비쩍 마른 나무에 낙하산이 걸려 있고, 정체 모를 검은 거인이 눈앞에 있다. 검은 거인이 주인공을 집어삼키려고 하는 순간, 주인공은 가까스로 낙하산의 안전장치를 풀어 달아나는데, 그때부터 주인공의 험난한 모험은 시작된다.

영화 〈어웨이〉는 총 4개의 에피소드로 구성이 되어 있는데, 숨겨진 오아시스(Forbidden Oasis), 거울 호수(Mirror Lake), 꿈의 샘(Dream Well), 구름의 항구(Cloud Harbor)이다. 각각의 에피소드마다 배경이 바뀌지만, 검은 거인이 쫓아오고 주인공은 그것을 피해 달아나는 상황은 계속 반복된다. 그 여정 가운데 노란 새, 반복적인 행동을 하는 고양이, 묵묵하게 제 갈 길을 가는 거북이 등이 등장하는데, 그들이 무엇을 의미하는지는 알 수 없다. 대사 하나가 없고, 배경 소리를 제외한 그 어떤 음악도 나오지 않기 때문에 영화 전체를 관통하는 상징들을 읽어내야만 한다.

영화의 첫 장면에서부터 다시 생각해보자면, 어디인지도 모르는 비행기에서 떨어진 채 홀로 사막에 던져진 인간이 있다. 이 장면은 세상에 던져진 모든 인간 존재를 뜻한다고 볼 수 있다. 스스로 존재하게 된 사람은 아무도 없고, 내가 이 세상에 온 이유에 대해 답을 할 수 있는 사람도 아무도 없다. 모든 인간은 그저 세상에 던져진 존재다. 우리가 할 수 있는 한 가지는 존재의 의미를 찾아 나가는 것뿐이다. 영화 속 주인공처럼 모르는 곳에 내던져져 이유도 알 수 없이 닥쳐오는 많은 고난과 역경을 거치면서 삶의 의미를 직접 찾아 나가는 것이 삶인 것이다. 그러므로 〈어웨이〉는 인간의 삶에 대한 영화라고 할 수 있다.

또 한 가지 영화를 이해할 수 있는 장치는 '신화'다. 신화는 영웅이 탄생하고, 고난과 역경을 겪고, 죽음에 다다랐다가 다시 생존하고, 그 과정에서 깨달음을 얻으며 성장해 결국에는 지혜를 얻게 되는 순환적인 과정을 다룬 거대한 이야기이다. 신화학자 조지프 캠벨은 이러한 영웅의 여정을 도식화했는데, 일상 세계-모험의 소명(출가)-정신적 스승과 만남-협력자, 시험자, 적대자와 대면-거대한 시련-마술적 보상(비행)-부활-귀환이 그것이다. 영웅은 거대한 시련(심연)을 거치면서 완전히 새로운 존재로 재탄생 혹은 비상한다. 고난을 극복하는 과정에서 자기 안의 깊은 가능성을 발굴하게 되는 것이고, 비로소 자기실현을 하게 되는 것이다.

이는 니체의 철학과도 이어지는데, 니체는 『차라투스트라는 이렇게 말했다』에서 초인을 설명하기 위해 낙타-사자-어린아이로 인간 영혼의 세 단계 변신을 이야기한다. 낙타는 무거운 짐을 어깨에 지고 가는 존재다. 규범과 관습, 당위에 얽매여 살아간다. 사자는 이에 한 발 나아가는데, 기존의 가치를 혁파하고 저항하는 힘을 갖고 있다. 그러나 사자 역시 기존의 것을 기준에 두고 있다는 점에서 한계가 있는데, 그를 뛰어넘은 것이 바로 어린아이이다. 어린아이는 순진무구해서 완전히 새로운 것을 추구한다. 놀이처럼 세상을 대하고, 매우 긍정적이며 역동적이다. 이 어린아이의 상태가 바로 초인, 완전히 자유로운 인간인 것이다.

〈어웨이〉에는 『오디세이아』를 떠올리게 하는 장면이 많다. 호메로스의 『오디세이아』는 『일리아스』와 함께 서양 최초의 문학작품으로 알려져 있다. 이중 『오디세이아』는 10년 동안의 트로이 전쟁에서 가장 위대한 영웅이었던 오디세우스가 전쟁 이후 고향에 돌아오기까지 10년의 여정을 담은 작품이다. 오디세우스는 고립된 섬에 갇히고, 끝없는 바다를 건너고, 지옥을 경험하며 세계의 끝에서 되돌아온다. 오디세우스가 겪는 것처럼 〈어웨이〉의 주인공 역시 계속되는 시련의 관문을 통과한다. 주인공은 그 관문들을 통과하며 어딘가에 도달하려는 의지를 보인다. 또한 〈어웨이〉에는 관문을 통과하려는 주인공을 가로막고 서 있는 거인의 모습이 등장하는데, 『오디세이아』에는 외눈박이 거인 폴리페모스가 등장한다. 두 작품 모두 주인공이 이 거대한 공포를 이겨내고 새로운 세계로 나간다는 공통점이 있다.

내던져진 존재, 비로소 자기 삶의 주인이 되다

인간은 약하고 힘없는 존재로 이 세상에 던져졌다. 하지만 우리는 정체를 알 수 없는 거인과도 같은 시련과 맞서 싸워야 하고, 앞에 놓인 역경을 극복해 관문을 넘어서야만 한다. 물론, 그렇지 않은 삶도 가능하다. 영화에서도 모험을 떠나지 않는 선택에 대한 것으로 이해할 수 있는 장면도 종종 나오는데, 초반에 나오는 장면이 그렇다. 낙하산에서 벗어나 주인공이 도착한 곳은 아주 평화로워 보이고 아름다운 숲속이다. 거인은 그곳으로 들어오지 않는다. 영원히 여기에서 안주하며 살아가도 괜찮을 것 같다. 그러나 주인공 눈에 들어온 것은 해골들이었다. 아마도 이곳에 머물기를 선택한 사람들의 것일 테다. 비록 거인에게 잡아먹히지는 않을 것이고, 애써 시련을 극복하지 않아도 되겠지만, 그 결론은 그저 '죽음'뿐이다. 모든 사람은 죽지만 그렇다고 살기를 포기하지는 않듯이, 우리는 힘들고 고단하지만 삶이라는 여정을 떠날 수밖에 없다.

세상에 내던져진 우리가 삶이라는 여정을 떠나기로 선택하는 것을 '자유'라고 할 수 있다. 어느 방향으로 갈 것인지, 어디까지 갈 것인지, 어떤 방법으로 갈 것인지를 선택하는 모든 순간에 자유는 발휘된다. 인간의 역사는 자유가 확장되는 쪽으로 발전해왔고, 대부분의 사람이 자유로워야 한다는 사실에 반대하지 않는다. 그러나 자유가 무엇인지 쉽게 답하기는 어렵다. 자유는 마냥 기쁘고 즐거우며 행복한 것이 아니기 때문이다. 가장 쉽게 생각할 수 있는 자유는 내가 하고 싶은 대로 하는 것인데, 그래서인지 어떤 사람들은 자유를 모든 굴레에서 벗어나 심지어는 책임과 윤리마저도 벗어던진 '방종'의 상태로 착각하기도 한다. 하지만 범죄자의 살인을 자유로 인정해주지 않듯, 그러한 상태를 자유로 인정할 수는 없다.

자유는 개인의 주관적인 느낌의 영역이다. 같은 상황이라도 어떤 사람은 '부자유'를, 다른 사람은 '자유'를 느끼는 경우는 얼마든지 있다. 보통의 경우 자유를 자신의 능력이나 통제력이 부족한 데서 찾는 것이 아니라, 외부의 장애나 제한에서 찾는다. 이것을 정치사상가 이사야 벌린은 소극적인 자유(~로부터의 자유)라고 부른다. 어떤 제한에 대한 반동적인 형태의 자유를 뜻한다. 앞서 언급한 니체의 '사자'가 가진 특성과 연결해서 생각할 수 있겠다. 그에 반해 적극적인 자유(~을 향한 자유)도 있는데, 제약을 벗어나고자 하는 형태가 아닌, 온전히 능동적으로 무엇인가를 하고자 하는 자유다. 니체가 말한 초인, 혹은 '어린아이' 격이다. 일상에 적용해보자면 여러 제약이 있는 고등학생 생활을 끝내고 대학교에 진학해 하고 싶은 공부를 꿈꾸는 것을 소극적 자유라고 본다면, 어떤 인간이 되고 싶은지에 대한 자기 정체성을 고민하고 탐색하는 것을 적극적인 자유라고 볼 수 있겠다.

경제학자 아마르티아 센은 자유를 '인간 잠재능력의 확장'이라 말한다. 이것은 개개의 인간이 가진 가능성을 실현하지 못하게 하는 장애들을 없애버림으로써 실현될 수 있다. 인간은 "자신의 가치와 목적에 따라 자신의 성과를 판단하는" 행위자이다. 그리고 이런 행위자들의 능력을 기반으로 자유는 달라진다. 빈곤한 사람과 부유한 사람에게 쌀 한 가마니의 효용가치가 다르듯이, 각 개인이 지닌 능력에 따라 같은 재화를 누리는 데에도 결과는 다를 수 있다. 각 개인이 재화를 누릴 수 있는 능력을 증진시켜 온 것이, 그리고 사회적 부자유들을 줄여왔던 것이 바로 '발전'이라고 아마르티아 센은 말한다. 이러한 맥락에서 빈곤이란 단순히 재화가 부족한 상태가 아니라 능력의 박탈이라고 할 수 있다. 그래서 아마르티아 센은 경제 발전을 자본의 증식이나 생산량의 증대라고 보지 않고, 복지, 건강, 교육, 안보 등 다양한 영역에서 인간의 잠재력을 향상시킬 수 있도록 기반을 마련하는 것이라고 말한다.

무엇이 자유인가?

자유에 대한 개념과 정의는 무궁무진하게 많다. 한 가지 확실한 것은 어떤 선택을 하는 것을 자유라고 한다면, 여기에는 언제나 책임이 따른다는 사실이다. 즉 어떤 취향이나 관점 등의 선택에는 결과가 잇따르기 마련이고, 자유는 그 결과까지 모두 책임져야 하는 것이다. 삶을 구성하는 것이 선택이라면, 삶 자체를 책임진다는 것이 쉬울 리 없다. 그래서 많은 사람들이 책임을 두려워하거나 회피하기 위해 자유를 포기하는 경우가 있는데, 사회학자 지그문트 바우만은 이를 "자유에서 벗어날 자유"라고 지칭한다. 그리고 포기한 자유는 권력에 위탁하게 되는데, 그 대가는 안전을 보장받는 것이다. 주어진 가능성 중에서 제한된 선택만을 할 경우, 인간은 자신을 보다 창조적으로 구성하는 기회를 스스로 포기하게 된다.

영화 〈어웨이〉의 주인공은 안전이 아닌 자유를 선택했다. 안전을 보장하는 것같이 보이는 고착된 체계에서 벗어나 스스로의 정체성을 지키고, 자기를 구성하는 가능성에 도전한 것이다. 그 과정에서 외로움을 겪고 두려움에 떨기도 했으며 죽음을 마주하기도 했으나, 결과적으로 떠났기 때문에 새로운 세계를 마주할 수 있었다. 이것이 우리가 삶이라는 여정을 통해 궁극적으로 도달하고 싶은 '자유'의 형태일 것이다.

자유를 누려서 생겨나는 책임은 귀찮은 것이 아니라, 자유와 동일한 것임을 망각해서는 안 된다. 자유롭게 선택할 권리가 없고, 그것을 책임지지 못하게 하는 것은 자신의 삶을 포기하는 것과 마찬가지다. 자신의 삶을 포기하면서까지 안전을 누리고자 하는 것은 역설이고 모순이지 않겠는가? 지금 내가 '나'라고 믿고 있는 어떤 안정된 존재는 결코 영원한 '나'가 아니다. 지금의 '나'는 행위와 상호행위를 통해서 구성되는 과정의 어느 한 부분에 위치하는 잠정적 상태일 뿐이다. 그러므로 나는 지금의 나, 즉 지금 내가 나 자신과 타자 그리고 이 세계와 맺고 있는 습관화된 관계와 그로부터 일어나는 나의 삶, 나의 행위를 새롭게 '재구성'할 자유를 가진다.

자기실현으로서 삶

나는 언제 새로운 나를 꿈꾸는가? 언제 나를 '재구성'할 욕망을 느끼는가? 그것은 지금의 '나'가 어떤 문제에 부딪혔을 때, 그리하여 지금 내가 구성하고 있는 나의 '행위습관'으로는 도저히 그 문제를 극복할 수 없겠다는 생각이 들 때일 것이다. 이런 상황에서 나는 이때까지의 나의 행위습관을 반성하고 자아 · 타자 · 세계와의 새로운 관계 맺음을 통한 자기 '재구성'의 노력을 시작한다. 그리고 이러한 과정을 통해 스스로를 재구성함으로써, 우리는 비로소 '자기실현'을 해나가는 것이다. 그러므로 우리가 삶에서 마주하는 모든 도전과 시련들은 자기실현의 과정이다.

니체는 "인간은 보다 나은 자신을 두려워한다. 그것은 고단한 여정을 통해서만 도달할 수 있기 때문"이라고 말했다. 영화 〈어웨이〉는 우리에게 두려워하지 말고 나 자신을 찾아가라고 이야기한다. 고단한 여정 속에서 여러 관문을 통과하다 보면 결국 나를 위한 삶의 문이 열릴 것이라고 말한다. 조지프 캠벨은 여러 가지 신화가 관통하고 있는 단 하나의 교훈이 있다면, 그것은 '블리스(은총)'라고 말한다. 우리가 목표를 향해 고난과 역경을 극복하는 여정에서 환희를 가지고 의미를 찾아 나갈 수 있다면 우주가 우리를 위한 문을 열어준다는 것이다.

우리 모두에게는 내던져진 삶을 살아가야 할 의무가 있다는 사실을, 그리고 내던져진 삶을 살아갈 의지를 갖고 삶이라는 모험을 충분히 즐길 수만 있다면 그 끝에는 블리스가 있을 것이다. 이것이 고통으로 점철된 삶이라는 여정을 떠나야 하는 이유이다.

함께 생각해보기

1. 삶이라는 여정 그리고 모험

영화 〈어웨이〉는 라트비아의 긴츠 질발로디스(Gints Zilbalodis) 감독이 만든 애니메이션입니다. 〈어웨이〉에는 우리가 익숙하게 생각했던 영화적 요소들이 없습니다. 우선 애니메이션에 당연히 있어야 할 그림의 윤곽선이 없습니다. 또한 주인공 외의 다른 인물도 등장하지 않고, 단 한 마디의 대사도 하지 않습니다. 이런 필수 요소들의 부재는 주인공의 표정 하나하나에 집중하게 만들고, 주인공의 감정과 선택에 더욱 몰입하게 만듭니다.

〈어웨이〉는 총 4개의 에피소드로 구성되어 있습니다. 각각의 에피소드는 다른 장소와 주제를 가지고 우리의 상상력을 자극합니다. 정답이 없는 빈칸에 나만의 답을 채워 넣으라고 말이죠. 과연 긴츠 질발로디스 감독은 영화를 통해 우리에게 무엇을 말하고 싶었던 것일까요?

제1장 숨겨진 오아시스(Forbidden Oasis)

어디로 가야 할지 모르는 사막, 정체불명의 검인 거인의 추격

자신을 집어삼키려고 한 검은 거인에게서 멀어지기 위해 주인공은 무작정 달립니다. 주변에는 아무것도 없고 모래와 주인공 그리고 검은 거인만이 존재합니다. 검은 거인을 피해 달리던 길의 끝에 이어져 있는 산을 보게 되고 그 산을 향해 원형의 관문들을 통과해 달려갑니다. 주인공이 다다른 곳은 숨겨진 오아시스였습니다. 오아시스에 도착하자 검은 거인이 더 이상 쫓아오지 않았는데요. 숨겨진 오아시스는 어떤 의미일까요?

심규형(17세)

오아시스의 존재는 휴식처이고, 오아시스에 있던 가방과 오토바이는 오아시스에서 나가서 새로운 세상을 찾으라는 의미라고 생각했습니다. 거인의 존재는 주인공의 두려움과 미래에 대한 불확실성이라고 생각했습니다. 그리고 동굴 속의 해골은 두려움을 이기지 못한 사람입니다. 다리를 부수고 거인을 떨어뜨리는 장면은 거울 호수에서 자신을 돌아보고 자신을 쫓아오는 두려움에 대항하는 모습으로 느껴졌습니다.

주인공은 오아시스에서 죽은 해골처럼 그곳에 계속 머물며 살 수도 있었지만, 그렇게 하면 새로운 세상을 볼 수 없기 때문에 오아시스에서 나왔습니다. 새로운 세상에 대한 불안감과 편안한 세상을 포기한 두려움이 쫓아오고 있다는 생각 때문에 제가 주인공이라면 내가 이 세상에 존재했다는 흔적을 남기고 다닐 것 같습니다.

박수미라(16세)

오아시스는 세상에 던져진 인간이 성장하는 곳입니다. 검은 거인은 두려움을 의미할 텐데, 안전한 오아시스에서 두려움을 마주할 시간을 갖는 장소일 것입니다. 그리고 동굴 속의 해골은 두려움을 이기지 못하고 앞으로 나아가지 못한 사람이라고 생각했습니다. 주인공은 이 해골을 보고 깨달음을 얻은 듯 오토바이를 타고 오아시스를 벗어났습니다. 즉, 두려움에 맞선 것입니다.

박미주(16세)

저는 오아시스가 주인공을 보호해주는 곳이기 때문에 '부모'라고 생각했습니다. 세상에 태어나서 많은 위협에서 보호해주는 부모와 같은 장소가 있기에 우리가 검은 거인과 같은 '두려움'에 맞서 싸울 수 있기 때문입니다. 주인공이 숲에서 열매를 먹는데 열매가 다시 자라나지 않습니다. 결국은 이 오아시스에서 영원히 살 수 없고, 떠나야 한다는 것이 우리가 부모님의 곁을 떠나 독립해야 한다는 것과 비슷하다고 생각했습니다.

제2장 거울 호수(Mirror Lake)
떠나지 않고는 찾을 수 없다

주인공은 오토바이를 타고 안락한 오아시스를 떠나 지도에 표시된 목표 지점까지 여정을 떠납니다. 여정을 떠나는 길에 절벽 위에 만들어진 위태로운 나무다리를 발견합니다. 주인공은 나무다리에 돌을 굴려 검은 거인을 낭떠러지 밑으로 떨어뜨립니다. 그와 동시에 주인공과 함께 길을 떠난 노란 새가 여우로부터 생명의 위협을 받습니다. 노란 새와 주인공 둘 다 가까스로 목숨을 건진 뒤, 모든 것이 똑같이 비치는 아름다운 '거울 호수'를 마주합니다.

이강욱(15세)

주인공이 나무다리에서 검은 거인을 낭떠러지 아래로 떨어뜨린 것은, 계속해서 도망쳐 왔던 두려움에 대한 저항일 것입니다. 검은 거인이 낭떠러지로 떨어지자, 지금까지 날지 못해 주인공의 가방 속에 있던 노란 새가 날았는데, 이것은 두려움에 마주하는 용기를 통해서 얻게 된 삶의 기회를 뜻한다고 생각했습니다.

이준수(15세)

죽음이나 두려움을 의미하는 검은 거인에게 맞서 용기를 낸 주인공이 성장할 때, 날지 못했던 노란 새가 날게 된 것은 노란 새와 주인공이 같은 존재임을 보여주고 있습니다. 고난을 극복하고 마주한 '거울 호수'는 있는 그대로의 자신의 모습을 보여주면서 '나는 누구이고, 여기는 어디인지'를 깨닫게 해주는 성찰의 공간일 것입니다.

제3장 꿈의 샘(Dream Well)

삶은 위험 속에 존재한다

검은 거인을 해치우고, 숨겨진 오아시스에서부터 함께했던 노란 새는 주인공을 떠나 친구 새들과 날아오릅니다. 그렇게 혼자가 된 주인공은 오토바이를 타고 다시 여행을 떠납니다. 불시착한 비행기에서 혼자 살아남은 주인공은 그때의 공포로 매일 밤 악몽에 시달립니다. 악몽에서 깨어난 주인공 앞에는 자신과 같은 방향으로 느릿느릿 걸어가는 거북이만이 고요한 밤을 깨우고 있었습니다. 그렇게 혼자만 남은 이 길을 끝없이 달려가던 주인공은 '꿈의 샘'과 매일 같은 시각에 뿜어져 나오는 샘물을 받아먹는 고양이들을 마주합니다.

엄동현(15세)

이 샘의 이름처럼 샘물을 마시면 잠이 들고 꿈을 꾸게 됩니다. 꿈속의 세상에서 우리는 마음속에만 품었던 많은 것을 실제로 이루어낼 수 있습니다. 고양이들이 물을 계속 먹는 이유는 고통을 잊고 편안함을 만끽하기 위해서일 것입니다. '꿈의 샘'이 있는 곳에 주변이 폐허가 된 것으로 봐서는 이곳 마을 사람들 또한 샘물을 먹고 나태해지고 게을러져서 도시가 멸망한 것 같습니다.

김영찬(15세)

물을 먹으면 잠이 든다는 것을 알면서도 계속 마시게 되는 것이 우리가 인생을 살면서 마주하는 많은 유혹과 같아 보였습니다. 샘물 주변에 있던 수많은 고양이는 원래 주인공과 똑같이 모험을 떠나는 탐험가들이었지만, 샘물을 먹고 나태해져 하나둘씩 고양이로 변해버린 것 같습니다. 하루하루 나태한 삶을 살아가던 고양이들이 결국 절벽에서 다시 올라온 검은 거인에게 먹히는 것을 보았을 때 '새로운 발전이 없다면 죽음을 마주할 것이다'라고 경고하는 것 같았습니다.

이지원(16세)

샘물 옆을 지나가는 거북이는 끊임없이 노력하는 사람을 상징합니다. 포기하지 않고 앞으로 나아가는 사람이고 죽음(검은 거인)으로부터 계속해서 움직이고 도망치는 능동적인 존재입니다. 샘물을 먹고 잠이 들었다가 좋은 꿈을 꾸고 비몽사몽한 주인공 옆을 유유히 지나가는 모습은 주인공에게 정신을 차리라고 말해주는 것 같았습니다.

제4장 구름의 항구(Cloud Harbor)

일어나는 모든 일은 의미가 있다

꿈의 샘을 떠난 주인공은 다시 길을 떠납니다. 길을 가다 밤이 되어 잠든 주인공은 꿈속에서 자신이 노란 새가 되어 날아다닙니다. 친구들과 함께 자유롭게 하늘을 날아가던 길에 해치운 줄만 알았던 검은 거인이 낭떠러지에서 기어 올라와 다시 주인공을 향해 오고 있는 모습을 봅니다. 다시 살아난 검은 거인을 주인공은 어떻게 마주할 수 있을까요? 이 모험의 끝인 구름의 항구에 주인공은 무사히 도착할 수 있을까요?

김도훈(15세)

주인공이 오토바이를 타고 달려가다 마주하는 산은 이 모험의 마지막 관문일 것입니다. 목표에 도달하기 위해서 우리가 꼭 넘어야 하는 고통의 경험이기도 합니다.

박미주(16세)

거인에게 잡아먹혀 서서히 사라져가는 주인공을 노란 새가 구해줍니다. 노란 새는 주인공의 또 다른 모습이자 성장을 도와주는 조력자일 것입니다. 검은 거인에게 먹히고 있는 주인공을 노란 새가 구해주면서 주인공의 가방에 있던 수통의 물이 거인의 몸에 떨어집니다. 그와 동시에 검은 거인이 사라지게 됩니다. '꿈의 샘'에서 떠온 물은 우리가 가슴속에 가지고 있는 행복한 생각들을 떠올리게 해주는 촉매제이자, 죽음의 공포를 이겨낼 수 있는 매개체인 것 같습니다.

정세민(15세)

검은 거인이 사라진 뒤, 산 정상에서 '구름의 항구'가 보입니다. 주인공이 새와 함께 오토바이를 타고 구름의 항구로 나아갈 때 뒤에서 큰 소리와 함께 눈사태가 일어납니다. 검은 거인은 피하거나 맞서 싸울 수 있는 고난이라면 눈사태는 검은 거인보다 더 큰 삶의 시련을 뜻하는 것 같았습니다. 그 시련의 끝에는 바다와 이어진 낭떠러지였습니다. 뛰어내려서 확률적으로 살아남을 것인지, 아니면 그대로 눈사태에 휩쓸려 죽을 것인지를 선택해야 하는 상황에 주인공은 바닷속으로 뛰어내리는 용기 있는 선택을 했습니다. 눈사태와 절벽이라는 현실의 벽에 '구름의 항구'로 가고자 하는 꿈이 막힐 때 주인공과 같은 용기 있는 선택이 필요하다는 것을 보여주는 것 같습니다.

정윤진(15세)

눈사태를 피해 뛰어내린 주인공은 바다를 헤엄쳐 '구름의 항구'가 있는 곳으로 갑니다. 그리고 그곳에 있는 또 다른 사람들을 만나면서 영화는 끝납니다. 저는 그곳에서 만난 사람들은 주인공과 같이 모든 모험을 겪고 역경과 고난을 극복한 사람들이 모여 있는 것으로 생각했습니다. 누군가는 두려움에 휩싸여 숨겨진 오아시스에서 나오지 못해서 죽었을 것이고, 누군가는 꿈의 샘에서 안주하면서 살다 고양이가 되어버렸을 것이고, 누군가는 산 정상까지 왔지만 절벽에서 뛰어내리지 못해 죽었을 것입니다. 이러한 모든 고난과 역경을 극복해야지만 또 다른 새로운 세계로 나아갈 수 있는

‘항구’에 갈 수 있는 자격이 주어진다는 것을 감독님은 이야기하고 싶었던 것 같습니다.

2. 마당을 나와 자유를 누리는, 위시

디즈니 100주년 영화 〈위시〉는 소원을 들어주는 왕국 ‘로사스’에 대한 이야기입니다. 사람들의 소중한 소원이 이루어지도록 마법을 습득한 왕 ‘매그니피코’가 세운 나라이지요. 이곳 사람들은 자신의 소원 중 하나를 왕에게 빌고, 왕은 그 소원을 보관했다가 소원성취식날 하나씩 마법을 부려 이루어줍니다. 특이한 것은 왕에게 소원을 빌고 나면 사람들은 그 소원이 무엇이었는지 잊어버린다는 것이죠. 로사스 왕국의 사람들은 자신의 소원이 무엇이었는지는 기억하지 못하지만, 꼭 선택되어서 소원을 이룰 수 있기를 간절히 바랍니다.

아샤는 왕의 견습생이 되기 위해 면접을 보러 갔다가 왕이 소원을 무작위로 뽑는 것이 아니라 자기 마음대로 선택하고 고르고 있다는 사실을 알게 됩니다. 자기 마음대로 사람들의 소중한 소원을 검열하는 것이 잘못되었다고 생각한 아샤는 이루어줄 게 아니라면 다시 각자에게 소원을 돌려주라고 왕에게 말하지요. 하지만, 자신이 최고가 되어야 한다고 생각하는 왕은 전혀 그럴 생각이 없습니다. 독단적이고 이기적인 왕에게 맞서 사람들의 소중한 소원(위시)을 돌려주려는 아샤의 노력이 영화의 주된 내용입니다.

영화를 보며 『마당을 나온 암탉』이 떠올랐습니다. 너무나 유명한 이 소설은 암탉 '잎싹'이 닭장 밖을 나와 겪는 이야기입니다. 잎싹은 평생 닭장에 갇혀 알을 낳은 닭입니다. 그런데 어떤 닭들은 마당에서 자유롭게 걸어 다니며 알도 품고 병아리도 키우지요. 잎싹은 궁금했습니다. 왜 자신은 닭장에만 있어야 하는지 말입니다. 잎싹은 자신이 낳은 알을 딱 하나라도 품어 병아리로 키워보고 싶었습니다. 자신도 가지에 피어난 잎사귀처럼, 아름다운 꽃을 피우는 존재이길 바랐거든요. 그래서 스스로 '잎싹'이라는 이름도 지었습니다.

잎싹에게 기회가 왔습니다. 시름시름 앓거나 더 이상 알을 낳지 못하는 닭들을 농장 주인이 '폐계'라 부르며 닭장 밖으로 꺼내 구덩이에 버렸는데, 자신도 더 이상 알을 낳을 수 없는 몸이 되었다는 것을 잎싹은 알고 있었기 때문입니다. 구덩이에 버려져 진짜 죽을 수도 있었지만, 마지막 힘을 낸 잎싹은 탈출에 성공했습니다. 그토록 가고 싶었던 마당에 우여곡절 끝에 도착했지만, 마당에 살고 있던 가축들은 그녀에게 곁을 내어주지 않습니다. 그들도 닭장에 갇혀 있지만 않을 뿐, 그저 주어진 운명에 따라 살았지요.

잎싹은 마당을 나와 다시 길을 떠납니다. 그런데 잎싹은 알을 낳을 수 없었기에, 자신이 그토록 바라던 꿈을 이루지 못하는 상황이었습니다. 상심에 빠진 잎싹 앞에 알 하나가 보입니다. 자신의 알은 아니었지만, 꼭 그 알에서 새로운 생명이 태어나길 간절히 바라면서 잎싹은 알을 품었습니다. 다행히 알에서 새끼가 태어났고, 잎싹은 성심을 다해 새끼를 돌보며 '초록머리'라 이름 붙여주었습니다. 하지만, 그는 자신과 다른 오리였고, 헤엄치고 날아올라야만 했습니다. 너무나 사랑하는 아이였지만, 다름을 인정하고 그를 보내주기로 결심하지요. 초록머리가 떠난 후, 기운이 다한 잎싹은 새끼를 먹이기 위해 사냥을 나선 족제비에게 자신을 내어줍니다.

〈위시〉의 주인공 아샤가 사람들이 자신의 소원을 이루기 위해 스스로 노력하는 삶이 훨씬 아름답다고 여겼던 것과 마찬가지로, 잎싹은 간절한 꿈을 이루기 위해 위험을 무릅썼습니다. 두 주인공의 모습처럼 어렵고 힘들더라도 나의 잠재력과 가능성을 피워내는 노력을 자기 스스로 하는 것이야말로, 삶의 진정한 모습 아닐까 생각합니다. 우리는 이것을 '자유' 혹은 '자기실현'이라고 부르지요. 그리고 두 작품 모두 공통적인 것은, 그 꿈을 이루는 것이 단지 개인의 행복만을 위한 것이 아니라 더 많은 사람에게 영감을 주고 행복을 준다는 사실입니다. 영화 〈위시〉는 그 이유를 우리 모두가 하나의 우주 속에 연결된 별이기 때문이라고 말하고, 『마당을 나온 암탉』은 서로 다르더라도 그 모습 그대로를 존중하는 것에서 조화를 이루며 살아갈 수 있다고 말합니다.

빼앗긴 소원을 되찾고, 닭장과 마당을 나와 아름다운 자유를 누리는 두 편의 작품을 통해 우리의 삶에 대해 생각해봅시다. 우리는 자신의 소중한 위시(소원)를 간직한 존재인가요? 또, 마당을 나온 존재인가요? 별처럼 빛나는 아름다운 우리의 위시를 위해, 또 그것들이 연결되 더 찬란하게 빛나는 우주 전체를 위해 함께 마당 밖으로 나온다는 것의 의미를 생각해봅시다.

닭장에서도, 마당에서도, 바깥으로 나오고 싶어했던 것은 오직 잎싹뿐이었습니다. 왜 다른 닭과 동물들은 그곳에서 나오고 싶지 않아 했을까요?

정은호(15세)

다른 동물들은 잎싹과 달리 이성적으로 생각하지 못했기 때문입니다. 잎싹은 왜 자신이 평생 닭장에 갇혀 알을 품어보지도 못하고 알만 낳다가 죽어야 하는지 생각했고, 그것이 부당하다는 것을 깨달았습니다. 사람들은 두려운 바깥보다 안전하게 마당 안에 사는 게 이성적인 선택이라고 말하겠지만, 반대가 아닐까요? 질문을 하지 않고, 생각하지 않기 때문에 주어진 대로의 삶을 사는 것이라고 생각합니다. 자신의 운명에 대해 질문을 한 잎싹만 자유를 얻게 되었다는 것은, 우리 역시도 무엇이 진짜 삶인지, 나는 누구인지 질문해야만 자유로워질 수 있다는 것을 말하는 것 같습니다.

박미주(18세)

다른 닭과 동물들은 세상 밖으로 나가기가 두려웠을지도 모릅니다. 자신이 살고 있는 곳 바깥으로 나갔을 때 벌어질 일들을 알 수 없어서 안전을 택한 것입니다. 나오고 싶지 않았던 것은 아닐 겁니다. 뛰쳐나간 잎싹의 모습을 긍정적으로 보기도 했죠. 하지만 자신의 역할이나 규칙, 위계질서에 익숙해져서 그걸 깰 생각을 하기 힘들었습니다.

닭장과 마당을 벗어나기 두려워하고, 안전한 일상에 갇혀 새로운 꿈을 꾸지 못하는 다른 암탉과 동물들의 모습은, 어쩌면 우리의 모습일지도 모릅니다. 그들은 왜 닭장과 마당을 벗어날 수 없었을까요?

이원준(17세)

닭장 밖에는 새로운 세상이 있지만, 잎싹 외엔 누구도 닭장 밖으로 나가고 싶어하지 않았습니다. 닭장 안에서의 삶은 매일 똑같고

진부했지만, 안전했습니다. 바깥의 삶은 자유롭지만, 안전을 보장할 수 없지요.

잎싹은 위험을 감수할 만큼 자유를 원했고, 다른 암탉들은 자유보단 안전을 선택했다고 생각합니다. 이런 심리를 사회학자 지그문트 바우만은 진자운동에 빗대어 설명합니다. 인간은 자유와 안전 사이를 왔다 갔다 하는 존재라고요.

그렇다면 오늘날 안전에 가까이 다가가고 있는 이들은 누구일까요? 저는 학생들이라고 생각합니다. 정말 많은 학생들이 명문대학을 목표로 공부하고 있습니다. 대다수는 입시 공부라는 닭장에서 탈출하길 원하지 않죠. 자유보다는 안전을 선택한 것입니다. 정형화된 방법을 따라 공부하고 남들과 같이 대학을 가고 일자리를 구하는, 어느 정도 안정된 삶의 길을 따라가는 것입니다.

하지만, '입시를 위한 공부'라는 닭장 바깥에는 다른 다양한 공부의 마당이, 너무나도 넓은 세계라는 숲이 있습니다. 자신만의 길을 찾는 것에는 위험이 도사리기에, 도전하기 어려워하는 마음은 이해합니다. 저는 이런 모습에서 학생들과 닭장 안 닭들의 모습이 겹쳐 보였습니다. 저를 포함한 학생들이 때론 닭장 넘어 숲을 바라보고 더 넓은 바다와 하늘을 꿈꾸면 좋겠습니다.

최준안(16세)

자유를 포기하는 것에는 두 가지 이유가 있다고 생각합니다. 첫 번째로 자유를 선택했을 때 현재의 안정적이고 편안한 삶을 잃는 게 아까운 것이고, 두 번째로 자신이 이미 자유롭다고 착각하고 있는 것입니다.

저는 마당에 있는 동물과 닭장 속 닭들이 자유를 선택했을 때 스스로 삶을 형성해 나가는 어려움을 겪고 싶지 않았고, 그 과정의 어려운 일을 피하려고 수동적인 삶에 안주하고 있다고 생각합니다. 마당 바깥의 세계가 있다는 걸 알면서도 현재 안정적인 삶을 잃기가 싫어 자유를 포기한 것입니다. 또한 그들은 자신들이 자유롭다고 착각합니다. 한정적인 공간에서 한정적인 생활을 하지만, 그 속에서 스스로 선택할 수 있다는 점이 자유로운 삶이라고 착각하게 만듭니다.

이들의 모습은 오늘날 우리의 모습과 닮았습니다. 원치 않는 공부나 일을 해야만 하는 강제적인 삶을 살면서 그것이 자신의 선택이라 생각하고, 내가 나의 삶을 선택하고 만들어가고 있다고 착각합니다. 하지만 우리 모두는 밖의 세상이 존재한다는 걸 알고 있습니다. 그저 지금의 삶을 포기하고 도전할 용기가 없는 것일 뿐이겠지요. 저는 우리가 도전하고 만들어내는 마당 바깥의 삶이, 지금 안주하는 삶보다 언제나 더 아름답고 고귀할 것이라고 확신합니다.

이은성(15세)

마당 식구 중 잎싹만 마당 밖으로 나오려고 했던 이유는, 잎싹에게 언젠간 알을 품겠다는 간절한 소망이 있었기 때문이라고 생각합니다. 마당을 지키던 개, 토종닭 부부, 오리들, 다른 닭들 모두 먹고 자는 것 외에 삶에서 아무것도 추구하지 않았기에 마당과 텃밭, 저수지 바깥의 넓은 세계에 대해 한 번도 생각해보지 않았고, 질문을 던지지 않았기 때문에 마당 밖으로 나오고 싶어하지 않았습니다. 오직 잎싹만이, 계속해서 평화롭지만 무지하고 꿈 없는 삶보다, 위험하고 힘들어도 꿈을 이룰 수 있는 세상으로 계속해서 나아갔습니다. 결국 잎싹은 드넓은 세계에서 새롭게 꿈을 가지며, 자유롭게 살아갈 수 있었습니다.

사실 저도 잎싹과는 상반되게, 무엇을 하고 싶다고 생각해보지 않고 그냥 학생으로서의 삶에 만족하며 살고 있습니다. 언젠가는 저도 잎싹처럼 간절한 꿈을 찾고, 이를 이루기 위해 더 넓고 위험한 세상으로 달려가 결국 꿈을 이루어내는 자유로운 인간이 되고 싶습니다.

잎싹이 위험이 도사리는 마당 밖으로 나온 일은 정말 잘한 일이었을까요? 잎싹이 마당 밖을 나와야 하는 이유는 무엇이었을까요?

장희원(16세)

저는 닭장이나 마당이 규칙과 규범으로 이루어져 있고, 각자 정해진 역할이 있는 곳이라고 생각합니다. 중학교에 올라와 멋진 친구들을 많이 만났지만, 넘을 수 없을 것 같은 벽도 처음 마주하게 되었습니다. 학교라는 마당 바깥으로 금방 나갈 수 있을 줄 알았지만, 이곳은 생각보다 넓고 또 여러 겹의 담장으로 둘러싸인 곳이었습니다. 특별한 꿈도 없고, 실행할 만한 용기도 부족해 뭐든 평균값만 하면 되지 않을까 생각도 했습니다.

친구들도 비슷한 생각을 한다는 것도 알게 되었습니다. 예전에 시험을 친 후 친구들과 "공부는 왜 하는 걸까?"라는 주제로 이야기를 한 적이 있는데, 대부분 이야기가 "해야 한다고 들어서", "엄마가 시켜서", "그거 말고는 뭘 해야 할지 몰라서", "다들 하니까"였습니다. 우리 생활의 대부분을 차지하는 공부를, 이유도 모르고 질문도 없이 그냥 한다는 것입니다.

우리가 할 수 있는 일이 없는지, 마당 밖엔 어떤 세상이 있는지, 앞으로 더 많은 친구가 '정해진 것'에 의문을 품을 수 있다면 좋겠습니다. 마당을 나와 숲으로, 늪으로 향했던 잎싹처럼, 더 넓은 세상을 체험하고 눈에 담아, 바깥을 두려워하는 사람들에게 함께 숲으로 가자고 말을 건넬 수 있었으면 좋겠습니다.

김도현(15세)

각자 인생의 목표에 따라 마당을 나오는 게 더 나을 수도 있고, 아닐 수도 있을까요? 저는 아니라고 생각합니다. 누구든 한 번쯤은 잘 모르는 새로운 세계로 나가 내가 모르던 많은 걸 경험할 필요가 있습니다. 매일 알만 낳듯 똑같은 공부, 똑같은 일, 똑같은 생활만 하면 우리 자신에게 주어진 자유를 제대로 누릴 수 없게 됩니다. 마당을 나온 잎싹은 자기 인생의 본 의미를 찾은 것입니다. 존재를 스스로 형성하는 자유인, 틀을 깨고 새로운 꿈을 가진 존재가 된 것입니다. 우리도 마당을 나가 그렇게 되어야 하지 않을까요?

잎싹은 날아오르는 오리들을 보며 자신도 날고 싶다고 생각했습니다. 하지만 닭이었기 때문에 끝끝내 날지 못했지요. 심지어 마지막에는 족제비에게 잡아먹히고 말았습니다. 이런 잎싹의 삶을 자유로웠다고 이야기할 수 있을까요?

박미주(18세)

아무것도 하지 않으면 바뀌는 것이 없습니다. 닭장에서는 안전했겠지만, 진정한 자신의 소망을 알 수 없었을 것입니다. 잎싹은 세상에 여러 선택지가 있다는 걸 알게 되고, 이를 선택할 자유를 만나게 됩니다. 알을 품기도 하고, 하늘을 날고 싶다고 생각하기도 하고, 규칙에 대한 의문을 품거나 자기 자신에 대한 질문도 시작하지요. 닭장에서는 한 마리의 닭일 뿐이었지만, 마당 밖에서는 '잎싹'이라는 이름으로 살게 되었고, 유일한 닭이 되었습니다. 질문하고, 생각하고, 자유를 갈망함으로써 삶과 자신을 찾은 것입니다.

정윤진(17세)

잎싹은 닭장 밖으로 나와 많은 어려움을 겪습니다. 친구가 목숨을 잃는 모습을 보기도 하고, 족제비에게 잡아먹히지 않기 위해 매일 잠자리를 옮기며 다른 마당의 동물들에게 조롱받기도 합니다.

그러나, 알을 품겠다는 오랜 꿈을 이룰 수 있었고 초록머리를 키우며 사랑을 느낄 수 있었으며 아름다운 세상을 알 수 있었습니다. 꿈을 이루고 자유를 찾기 위해서는 위험을 감수해야 했지만, 이런 위험들은 잎싹의 열정에 비하면 아무것도 아니었지요. 오히려 그런 어려움이 있었기에 잎싹이 더 자유로워지고 꿈에 가까워지고, 강해졌다고 생각합니다.

김세원(16세)

원래 자유의 사전적 의미는 '사람이 남의 간섭을 받거나 무엇에 얽매이지 않고 자기 뜻에 따라 판단하고 행동할 수 있는 상태'라고 합니다. 이런 의미에서 본다면, 잎싹이 마지막에 "자, 나를 잡아먹어

라. 그래서 네 아기들 배를 채워라"라고 말하며 족제비에게 잡아먹힌 행위 자체도 잎싹의 자유로운 삶을 완성한 것으로 생각합니다.

그뿐만 아니라 청둥오리인 나그네의 알을 품고, 초록머리가 세상에 나오자 보듬어 키운 것 또한 잎싹의 선택이었습니다. 마당에 있던 오리들은 마당을 나가려는 잎싹에게 "아기 오리는 약해 아무것도 배우지 못했는데 그냥 내보낸다면 당장 죽을 거야. 그러니 내보내지 않는 게 좋겠어"라고 말하며 만류합니다. 하지만 잎싹은 "그건 가르치면 돼. 암탉이 깠어도 오리는 오리야. 헤엄도 쳐야 하고 고기도 잡아야지. 내가 가르칠 거야"라고 말하며 초록머리를 데리고 다시 저수지로 돌아가기도 합니다.

앞서 말한 사전적 의미에는 '~할 수 있는 상태'라고 했는데, '상태'는 바꿀 수 있는 것이라는 생각이 들었습니다. 자유가 있다면 우리는 스스로의 모습과 태도를 바꿀 수 있습니다. 잎싹의 여러 행동을 보면서 저는 자유란 옳지 못한 것에 억눌리지 않고 자기 뜻을 지키는 것으로 생각하였습니다.

박장원(15세)

철학자 프리드리히 니체는 자유를 3단계로 나누어 설명했는데, 낙타, 사자, 아이의 단계입니다. 낙타는 온갖 짐을 지고 가는 존재로, 구속과 속박에서 벗어나지 못한 채 살아가는 것입니다. 사자는 그린 관념과 관습을 없애려고 노력하는 존재고, 아이는 그런 틀을 완전히 망각한 순수한 상태로 살아가는 존재라고 합니다.

잎싹이 죽음을 선택하는 모습이 바로 세 번째 단계인 아이와 같다고 생각합니다. 잎싹은 족제비도 소중한 가족을 먹여 살려야 하는 존재라는 것을, 자연의 원리를 이해합니다. 잎싹은 모든 것이 우주의 일원이라는 걸 이해하고, 족제비에게 자신을 잡아먹으라고 하면서 깨달은 바를 실천했습니다. 사실 이런 결정을 내리는 건 쉽지 않습니다. 마지막 자유를 위한 용기 있고 대담한 선택이라고 생각합니다. 무엇이 옳은지를 분명히 이해하고 삶에 주어진 상황을 회피하지 않는 모습이었죠. 이와 같은 잎싹의 생을 보면, 누군가는 죽음이 비극이라고 생각하겠지만, 잎싹은 자유를 향한 마지막 발자국을 용기 있게 내디뎠다고 생각합니다.

정은호(15세)

닭장 안에서 정해진 규칙에 따라 알을 낳으며 관습에 맞는 행동을 하던 때를 낙타의 상태라고 할 수 있습니다. 그러다 자신의 알을 품고 싶다는 꿈을 꾸게 되고, 마당을 나가겠다고 생각하는데, 이는 기존에 있던 원칙을 부수고 저항하는 상태, 즉 사자의 상태입니다. 마지막으로 마당 밖으로 나가 자신의 알을 품고 싶다던 오랜 꿈 대신, 오리의 알을 품어 키우고, 하늘을 날고 싶다는 새로운 꿈을 갖게 되는데, 이 상태는 새로운 시작이며 순진무구하고도 거룩한 긍정의 상태, 어린아이의 상태와 같습니다. 잎싹은 시간이 지남에 따라 점점 발전해 나가며 더욱 자유로워졌습니다. 저의 삶 역시 이렇게 성장할 수 있길 바랍니다. 우리 모두 잎싹처럼, 자신의 한계를 뛰어 넘는 것으로 세상을 더 아름답고 빛나게 하는 존재가 되는 꿈을 꾸었으면 좋겠습니다.

함께 읽어볼 책과 영화

- 『마당을 나온 암탉』 황선미 지음, 사계절, 2000
- 『블리스로 가는 길』 조지프 캠벨 지음, 노혜숙 옮김, 아니마, 2020
- 『소년은 어떻게 어른이 될까』 이주향, 샘터사, 2022
- 『액체현대』 지그문트 바우만 지음, 이일수 옮김, 필로소픽, 2022
- 『오디세이아』 호메로스 지음, 진형준 옮김, 살림, 2017
- 『이사야 벌린의 자유론』 이사야 벌린 지음, 박동천 옮김, 아카넷, 2014
- 『자유로서의 발전』 아마르티아 센 지음, 김원기 옮김, 갈라파고스, 2013
- 〈어웨이〉, 긴츠 질발로디스 감독, 2021
- 〈위시〉, 크리스 벅 감독, 2024

읽다, 새로운
세계를 열다 — 4

예술

모든 인간의 존엄은 어떻게 지켜질 수 있는가?

함께 나눌 질문

· 인간의 존엄이란 무엇인가?
· 개인이 극복하기 어려운 절망의 소용돌이에서 희망을 발견할 수 있는 방법은 무엇인가?

'삶에 치인다'라는 표현이 있다. 차에 치이면 심각한 부상을 입는 것처럼, 삶에 이리저리 치이면 사람은 정신을 잃게 된다. 삶에 치이는 이유는 수만 가지이다. 돈을 제대로 벌 수 없는 상황에 놓인 사람들은 어떻게 끼니를 해결해야 할까 고민하고, 전쟁터에서 살아남은 사람들은 정상적인 삶이 언제 가능할지 끝을 알 수 없는 고통에 시달린다. 이러한 상황에서 존엄하게 살기란 거의 불가능에 가깝다.

반면, 맛있거나 유명한 음식점에서 식사를 하기 위해 몇 시간이고 기다림을 불사하는 삶도 있다. 연인을 응원하기 위해 개인 비행기를 띄워 지구 반대편으로 날아가는 삶도 있다. 이토록 극명하게 대비되는 인간 운명 앞에, 과연 보편적인 존엄이란 가능한 것인지 질문하게 된다.

삶에 치이는 사람들

세계적인 거장 감독 켄 로치의 '영국 북동부 3부작'이 있다. 희망, 연대, 공감 3부작이라고도 불리는 영화 〈나, 다니엘 블레이크〉, 〈미안해요, 리키〉, 〈나의 올드 오크〉이다. 그중 첫 번째 영화인 〈나, 다니엘 블레이크〉는 여러 이유로 돈을 벌 수 없는 사람들이 나온다. 주인공 다니엘과 케이티가 그들이다. 다니엘은 심장에 병이 있어 일을 할 수 없다. 그래서 지속적으로 질병 수당을 신청하지만 복잡하고 형식적인 절차로 인해 수당을 받지 못한다. 케이티는 두 아이를 키우는 미혼모이다. 케이티는 일을 구하려 하지만 그녀를 써주는 곳이 없다. 두 사람은 구청에서 우연히 만나게 되는데, 다니엘은 이후에 케이티를 계속 도와주며 좋은 관계를 유지한다. 케이티의 딸 데이지를 위해 물고기 모빌을 만들어주기도 하고, 가스가 끊긴 그녀의 집에 촛불로 간이 난로를 만들어준다. 그녀가 일을 찾으러 나갈 때 아이들을 봐주거나, 밥을 해주기도 한다.

영화 초반에 케이티는 일자리도 찾고, 공부도 하고 싶다고 희망차게 말한다. 하지만 새로운 학교를 가는 아이들에게 옷이나 신발을 사줄 수도, 저녁을 제대로 먹을 수도, 가스비와 수도세를 낼 수도 없는 그녀의 가족에겐 일상적인 삶을 살아가는 것조차 힘이 든다. 결국 생리대를 훔치거나 음식을 구걸하기까지에 이르는, 그야말로 처량한 삶에 들어서게 된다.

다니엘 역시 마찬가지다. 정당하게 보호받을 수 있는 법이 있음에도 불구하고 늘 무시당하고 거절당하며 하루하루 피폐해지지만, 아무리 소리쳐도 아무도 들어주지 않는다. 이 둘 모두 열심히 살지 않는 것이 아니다. 행복해지기 위해 노력하지 않는 것이 아니다. 하지만 당장 끼니를 해결하지 못해 과일 하나로 하루를 버티고, 영화 내내 같은 옷을 입어야 하는 이들에게 과연 인간 존엄을 위한 법과 제도는 어떤 의미인가?

약자들의 연대는 가능한가

켄 로치 감독 3부작의 마지막 영화 〈나의 올드 오크〉는 폐광으로 몰락해가는 한 마을과 시리아 난민들의 삶을 비춘다. 영화의 주인공 TJ는 더 이상 활기를 띠지 못하는 마을에서 오래된 맥줏집

'올드 오크'를 운영하고 있다. 그는 사랑스러운 강아지 '마라'와 이웃들과도 사이좋게 지냈는데, 아프고 힘든 사람들, 돌봄이 필요한 사람들에게 늘 먼저 손을 내미는 그런 성정을 가졌다. 그런데, 오히려 그런 성격 때문에 아내와는 이혼했고, 하나뿐인 아들도 아버지와 대화하지 않아 혼자 남겨진 외로운 사람이기도 하다.

이 마을에 언젠가부터 난민들이 많이 거주하기 시작했는데, 정부에서 난민들이 거주할 곳으로 이곳을 지정했기 때문이다. 이미 폐광으로 경제적으로 어려워진 마을에 난민들까지 거주하면서 사람들의 삶은 더 팍팍해진다. 그래서일까, 어려워진 상황을 난민들 때문이라 여기는 사람들이 있다. 그들은 "너희 나라로 돌아가라"라는 차가운 말들과 조롱 섞인 시선을 서슴없이 남발한다. 우리 사회에서도 쉽게 볼 수 있는 현실적인 반응들이다. 문제는 그들 역시 이 마을에서 오랫동안 함께 지낸 이웃이라는 사실이다. 어려운 시절을 함께 겪은 친구들이지만, TJ가 그들을 설득하기엔 역부족이다.

'올드 오크'에는 오랫동안 잠겨 있는 방이 있다. 오래전에는 마을 사람들의 사랑방으로 쓰이며 수많은 사람이 함께 밥을 먹고 힘든 하루를 떨쳐내며 또 다른 내일을 향해 용기를 북돋던 곳이다. 하지만 이제 그럴 힘이 남아 있지 않은 마을의 상황을 대변하듯, 그곳은 먼지만 수북하게 쌓이고 배선도 배관도 낡아 쓸모가 없는 공간으로 전락한 지 오래다. 그 방에 걸려 있는 흑백 사진과 "함께 먹을 때, 우리는 더 단단해진다(When you eat together, you stick together)"만이 그곳이 어떤 장소인지 말해줄 뿐이다. 시리아에서 난민으로 이 마을에 온 '야라'는 음식을 나누고 먹으며 함께한다면, 각자가 가진 아픔을 치유할 수 있을 것이라 TJ에게 말한다. 하지만 이미 오래전부터 사용하지 않았던 공간이고, 잘 운영할 자신도 없었던 TJ는 단칼에 거절한다. 사실 야라 전에도 이곳을 사용하자는 제안은 여러 차례 받았다. 특히 최근에 친구들이 난민 수용에 대한 주민 토론회를 열자고 제안했는데, 사용할 수 없다고 거절했던 터라 더욱 어렵다. 야라의 부탁만 들어준다면, 그렇지 않아도 난민에 대한 불만이 가득한 친구들인데 더 사이가 안 좋아질 것이 뻔했기 때문이다.

하지만 가족과 같았던 반려견 마라가 죽고, 음식을 나누며 그 슬픔을 위로하는 난민들의 손길에 TJ는 공유 부엌을 운영하고자 결심한다. 이미 너무 오래전에 잊힌 공동체의 기억이었지만, 자신이 받은 위로와 격려의 힘을 믿어보기로 한 것이다. 그렇게 시작한 공유 부엌 만들기에 생각보다 많은 주민이 두 팔을 걷고 돕는다. 여전히 낡고 오래된 공간이었지만, 가난으로 늘 배고팠던 동네 아이들과 난민들, 마을 주민들이 음식을 함께 먹는 따뜻한 공간이 되었다. 또 어떤 날에는 야라가 찍은 사진을 함께 보며 서로의 삶을 따뜻한 시선으로 보고, 고향을 떠나온 사람들이 전통 음악을 연주하며 서로의 아픔을 달래는 공간이 되기도 한다.

하지만 이 기쁨은 오래 가지 않는다. 누군가 일부러 낡은 배수로를 망가뜨리고, 그 때문에 배선까지 엉망이 되어 더 이상 쓸 수 없는 공간이 되어버렸기 때문이다. TJ는 이제 더 이상 희망이 없다며 울부짖는다. 그는 "이렇게 부자인 나라에서, 자기 자식의 배고픔을 해결하지 못해 자괴감을 느끼는 사람들에게 먹을 것을 좀 나누겠다는데, 그게 그렇게 어려운 일인가"를 물으며 "자신들에게 가해지는 부당함에는 입을 다물면서, 더 약한 사람들에게는 쉽게 낙인을 찍는 사람들"에 대한 원망과 분노를 쏟아낸다. 개인의 선함과 베푸는 마음으로는 극복할 수 없는 거대한 편견과 혐오의 시선. 이 장벽은 누가, 어떻게, 왜 만들었으며, 무엇으로 극복할 수 있는가?

인간을 살게 하는 힘을 계속 묻는 일

켄 로치의 3부작 영화 모두 해피 엔딩이 아니다. 하지만 인간 삶에서 무엇이 가장 소중한 가치인지 생각하게 하는 여지를 보여준다. 〈나, 다니엘 블레이크〉의 주인공 다니엘 블레이크는 인간 존엄의 권리를 멋지게 요구한다. 끝없이 반복되는 질병 수당과 실업급여의 형식적인 굴레 속에서도 그는 지칠망정 끝까지 포기하지 않았고 비굴하게 굴복하지 않았다. 끝끝내 다니엘이 법정에서 읽지 못했지만, 그가 마지막으로 하고 싶었던 말에서 무엇이 존엄함인지 생각할 수 있다.

나는 의뢰인도, 고객도, 사용자도 아닙니다.
나는 게으름뱅이도, 사기꾼도, 거지도, 도둑도 아닙니다.
나는 보험 번호 숫자도, 화면 속 점도 아닙니다.
난 묵묵히 책임을 다해 떳떳하게 살았습니다.
난 굽실대지 않았고, 이웃이 어려우면 그들을 도왔습니다.
자선을 구걸하거나 기대지도 않았습니다.
나는 다니엘 블레이크.
개가 아니라 인간입니다.
이에 나는 내 권리를 요구합니다.
인간적 존중을 요구합니다.
나, 다니엘 블레이크는 한 사람의 시민
그 이상도, 그 이하도 아닙니다.
－<나, 다니엘 블레이크> 중에서

복잡하게 돌아가는 사회 속에서 우리는 하나의 기계도, 한 마리의 동물도 아닌 한 명의 인간으로 존재하고 있다. 그 이상, 그 이하의 존재도 아니기에 존중받고 또 다른 이를 존중할 권리를 요구하는 것이다. 민주 사회에서 살아가는 바람직한 시민의 모습이 무엇인가 고민해보았을 때, 다니엘 블레이크가 온 생으로 맞서 싸워 보여준 모습이 훌륭한 답이 될 수 있을 것이라 생각한다. 사람이기에, 사회의 구성원인 한 사람이기에 우리는 마땅히 존중받을 권리가 있다.

〈나의 올드 오크〉 역시 마찬가지다. 여전히 사회에는 차별과 편견이 실존하고, 그것은 삶을 이어가는 데 크나큰 장애물이지만, 그럼에도 "중요한 건 함께한다는 것"이라는 삶의 진실을 말한다. 켄 로치 감독은 한 인터뷰에서 "이렇게 힘든 시대에 희망이란 어디에 있는가라는 어려운 질문에 우리는 답을 찾아야만 한다"라고 말했다. 영화에서 광부들이 어둡고 위험한 갱도에서 서로를 의지하며 생명을 사수하기 위해 지켜냈던 가치는 '연대, 희망, 저항'이라고 말한다. 그들을 살게 했던 것은 함께 먹으며 어려움을 이겨낼 힘을 서로에게 내어준 일이라는 것이다. 광부들뿐만 아니라 우리 모두의 경우도 마찬가지일 것이다. 연대하지 않고, 희망하지 않고, 함께 저항하지 않는다면 우리는 생존할 수 없다. 각자도생의 삶은 한없이 연약하고, 비겁하며, 지속불가능할 뿐이다.

거대한 부조리에 대항하는 사람들의 행동은 숭고한 희생정신에 의한 것이 아니다. 그것은 어떻게라도 저 무책임하고 무자비한 권력에, 모순에, 자본에, 사람에 저항하지 않으면 썩어 문드러질 인생에 대한 책임이고 자유다. 도저히 저항하지 않고서는, 혹은 다른 길을 찾지 않고서는 참고 견딜 수가 없는, 혹은 호소할 방법이 그것밖에는 없는 것이다. 이스라엘 군인들이 팔레스타인 민간인의 집을 망가뜨리는 것에 반대해 온몸을 던졌던 평화운동가 레이첼 코리의 일기를 각색해 만든 『내 이름은 레이첼 코리』에 실린 문장들처럼, "미디어들이, 정부가 우리가 하는 일에 어떤 의미와 가치를 두지 않는다고 할지라도, 우리는 서로를 위해 이 일들을 계속해 나가야 한다." 그들에게 "호소할 수 있는 방법은 우리가 할 수 있는 일을 계속해 나가는 것밖에 없기 때문이다."

『작은 것들의 정치』에서 저자 제프리 골드파브는 이때까지 간과됐었던 사람들 사이에서 이루어지는 광범위한 상호작용에 내재한 자유로운 공적 공간의 정치적 중요성을 작은 것들의 정치라 명명하며 20세기 전 지구적 네트워크에서 '작은 것들의 정치'가 세상의 커다란 변화에 영향을 미쳤던 방식과, 21세기에도 그런 전망이 계속될 수 있을지에 대해 검토한다. 그렇다면 지금 전 세계 곳곳에서 생겨나고 있는 '작은 것들의 정치'는 어떻게 세상을 바꿀 수 있을 것인가? 그가 주목하는 '작은 것들의 정치'에서 가장 중요한 요소는 바로 '상황을 정의하는 힘'이다. "사람들은 서로 이야기를 나누는 과정에서, 그들 자신의 용어로 어떤 상황을 정의하고, 공동으로 행위할 능력을 발전시키며, 테러와 헤게모니적 권력에 대한 민주적 대안을 구성한다." 그러므로 자유를 위한 공동의 투쟁을 시작하려는 이들에게 무엇보다 필요한 것은 함께 우리가 처한 이 상황, 이 세계에 대한 정의를 내릴 수 있는 자유로운 공적 소통의 장이다. 현실에 대한 각자의 이해와 대응 방식이 서로 간의 대화와 토론을 통해 접점을 찾아 나가고 그것이 함께 행동할 수 있는 능력으로 발전되어 갈 때, 탐욕과 부패로 만들어진 권력이 아닌, 희망과 사랑, 그리고 용기라는 재료로 구성된 권력을 우리는 창출할 수 있을 것이다.

연대, 희망, 저항을 지속하라

희망을 지속하기란 쉽지 않다. 그러나 존엄함을 포기하고 산다는 것은 더욱 끔찍하다. 〈나의 올드 오크〉에서 경멸의 눈빛을 이겨내는 힘으로 함께 먹는 것, 함께 노래 부르는 것을 선택한 것처럼, 지극히 일상적이지만 아름다운 것들을 공유하는 시간이 우리에겐 절박하게 필요하다. 지금 당장은 눈앞의 이익을 따라가는 것이 더 좋은 선택이고, 영리한 결정이며, 살아남는 방법처럼 보일지라도, 어려움과 힘든 순간 우리를 일어나게 하는 것은 연대의 힘이다. 역사학자 하워드 진은 "우리가 믿고 있는 바를 위해 다른 이들과 함께 투쟁하는 것, 그 자체가 이미 승리"라고 인디고 서원과의 인터뷰에서 말했다. 인간의 존엄함은 질문할 수 있는 문제가 아니며, 누군가 보장해주는 문제도 아니다. 존엄함을 잃지 않기 위해 끝없이 연대하고 희망하며 저항해서 쟁취하고 지켜내야 할 과제다.

함께 생각해보기

1. 고통과 고난을 마주할 용기

2001년 9월 11일, 전 세계 무역의 중심지이자 미국의 자존심이라 불리던 세계무역센터가 테러당했습니다. 납치된 두 대의 비행기가 세계에서 가장 높은 쌍둥이 빌딩에 충돌했고, 몇 시간 뒤 두 건물은 불에 타 완전히 가라앉았습니다. 비행기 탑승자, 건물 안에 있던 사람들, 소방관, 경찰관, 주변 시민까지 총 2,977명이 사망한 이 참사는 지금까지도 현대사에 가장 충격적인 사건으로 기록되고 있습니다.

참사가 일어난 후 10년이 되던 해, 쌍둥이 빌딩이 있었던 자리에 9.11 추모관이 건립되었습니다. '그라운드 제로(Ground Zero)'라는 이름의 추모 공간은 이름 그대로 텅 빈 공간으로 만들어졌습니다. 거대한 건물 두 동이 있었던 자리에는 그 크기만큼 커다란 우물처럼 생긴 두 구멍이 만들어졌고, 그곳에는 쉴 새 없이 물이 떨어집니다. 부재의 반추(Refleting Absence)라는 이름처럼 끝내 채워지지 않는 그 거대한 웅덩이는 사랑하는 사람을 잃어버린 사람들의 마음과 같습니다. 그리고, 이곳에서 매년 9월 11일이 되면 6시간이 넘도록 추모식이 진행됩니다. 그중 유가족들이 한 명, 한 명, 모두 2,977명의 이름을 부르는 시간이 있는데, 4시간 정도가 걸립니다. 천천히 부르는 이름들은 지금은 없지만, 분명히 존재했고, 잊을 수 없는 소중한 사람들의 것입니다. 건물은 없지만, 그곳에 있었던 존재를 영원히 기억하게 해주는 추모의 공간과 닮은 시간입니다.

일본 작가 이토 세이코는 살아 있는 모든 이들은 죽은 자 위에서 있는 것이라고 말했습니다. 그들을 생각하지 않고 잘 살아가기는 힘든 것이라고 말이지요. 9.11 추모 공간은 죽은 자들을 기억하기 위한 공간이기도 하지만, 살아남은 자를 위로하여 그들이 살아갈 힘을 주는 공간입니다. 슬픔과 고통을 외면한 채 사는 것은 반쪽의 삶입니다. 아프고 힘들더라도 고통을 온전히 직시해야만 또 다른 삶을 살 수 있기 때문입니다.

철학자 니체는 비극 속에서도 충만한 힘으로 고통과 고난을 넘어서는 자가 강한 인간이라고 말합니다. 인간의 삶은 끝없는 고통의 연속인데, 그런 고통이 사라진 유토피아를 바라는 자는 나약한 인간이라고 말하지요. 힘들고 고통스러우면 다 모른 척 돌아서고 외면하는 일은 결국 같은 고통 속에 우리를 가두는 것과 마찬가지입니 다. 예술은 그러한 고통을 외면하지 않고 대면할 수 있도록 해주는 윤활제 같은 것입니다. 그래서 인간의 삶에는 예술이 필요한 것 아닐까요? 우리 삶에 예술을 들이기 위해, 함께 고민해봅시다.

9.11 테러에 대한 추모의 기록을 보며, 여러분이 9.11 테러와 관련해 가장 깊이 생각하게 된 점은 무엇인가요? 이 기록물들을 통해 20여 년이 지난 지금, 우리는 어떤 이야기를 나눌 수 있게 되었나요?

홍나현(15세)

9.11 테러의 희생자들을 기리는 디자인이나 추모관을 볼 때면 우리나라의 뼈아픈 현실이 생각나 마음이 아픕니다. 지금 9.11 테러가 일어났던 곳에는 사람들이 그들을 기억할 수 있는 공간이 만들어졌습니다. 이 참사를 잊지 말자고요. 하지만 우리나라는 추모관을 세울 자리조차 내어주지 않습니다. 2022년 가을에 있었던 이태원 참사의 희생자분들을 제대로 그리워할 장소도 마련되지 않았습니다. 하물며 2014년에 일어난 세월호 참사도 제대로 된 추모

관이 없는 것이 참 마음이 아픕니다. 그래서인지 9.11 테러 기록물들은 그 희생자들을 기리는 한편, 우리나라의 현실을 정면으로 바라보게 하는 것 같습니다.

박장원(14세)

우리 사회가 만약에 9.11 테러와 같은 비극을 다시 마주한다면, 어떻게 대처해야 하는지를 생각해보았습니다. 지금 우리는 테러 등 큰 비극이 닥쳤을 때 보통은 국가나 특정 사람들을 원망하고 책임을 물으며 싸웁니다. 그러나, 9.11 테러를 보면, 내부적으로는 희생자와 사건을 기억하려고 추모 공원을 만들었습니다. 이처럼 우리도 누군가를 탓하고 싸우기에 앞서, 그 사건의 상처를 함께 보듬을 수 있도록, 이 비극을 넘어 함께 미래로 나아갈 수 있도록 노력해야 합니다. 9.11 테러를 기록한 이 기록물들을 통해 20여 년이 지난 지금까지도 그 사건의 비극을 잘 기억할 수 있고 그로부터 더 나아갈 수 있는 것처럼 말입니다.

백호(14세)

9.11 테러와 이를 기억하려는 시도를 통해 재난과 고통을 사람들이 어떻게 받아들이고, 기억하는지에 대해서 생각해볼 수 있게 되었습니다. 기억은 단지 우리 머릿속에 남아 있는 것만을 의미하

지는 않습니다. 사건과 희생자에 대한 우리의 마음, 성의를 의미합니다.

희생자뿐 아닙니다. 주변에 있던 목격자들, 어떻게든 도우려 했던 시민들의 노력도 잊으라는 법은 없습니다. 사람들의 기억 속에서 점점 사라지는 것들을 끝까지 기억하고 사랑하는 사람이 되고 싶습니다. 우리 모두 그래야 합니다. 과거를 망각하는 사람은 현재도, 미래도 놓치게 되어 있습니다. 사람들은 보통 지나간 것들의 중요성을 잊기 쉽습니다. 그럴 때마다 괜히 내가 잊힌 것처럼 속상했는데요. 우리가 과거의 비극을 잊지 않고 기억하고, 그 안의 따뜻한 시민들의 이야기를 다시 기념할 수 있다면, 온 세상이 전보다는 더 좋아지리라 생각합니다.

니체는 고통을 긍정하고 삶을 받아들이라고 말합니다. 여러분은 고통을 긍정하고 있나요? 우리 사회는 고난과 역경에 맞서 용기 있게 삶을 마주하고 있는지 생각해봅시다.

윤정서(15세)

우리 사회는 타인의 시선과 정해진 규칙에 갇힌 사회입니다. 어릴 때는 학교에 가고 스무 살이 되면 대학에 가고 대학을 졸업하면 직장에 가는 똑같은 패턴으로 많은 사람이 살아갑니다. 역경도 어려움도 정해진 패턴 안에서 겪으며 해결해야 하지요. 이게 과연 고통을 긍정하고 고난에 맞서는 삶일까요? 그런 개인이 모인 우리 사회가 역경에 맞서 충만하게 살아가는 사회라고 할 수 있을까요? 그렇게 보인다고 해도 그것이 결코 진정하게 충분한 사회는 아닐 거라고 생각합니다.

홍나현(15세)

확실히 말할 수 있는 것은, 저는 제 인생이 행복하길 바라는 사람이라는 점입니다. 사람에게 항상 좋은 일만 있을 순 없기에 많이 고통스럽더라도 그 시간을 즐기려는 마음을 가지려고 노력합니다. 고통이 없다면 충만한 행복도 없다는 믿음으로 고통이 다가와도 그것을 긍정으로 받아들이려고 합니다. 이 정도면 이 사회에서 충분히 용기 있는 것 아닐까요? 우리 사회는 객관적으로 본다면 역경에 맞서 충만하게 살아갈 수 있는 사회는 아닌 것 같습니다. 오히려 역경 자체가 오지 않도록 최선을 다하는 사회입니다. 일단 역경이 와서 무너지면 결국은 설 곳이 없어지기 때문입니다. 그럼에도 저는 어떻게든 역경을 마주하고 긍정적으로 살아나가고 싶습니다.

박정환(16세)

만약 고통을 회피하는 삶만 산다면, 고난과 역경에 맞서지 않는다면, 인생에 진전이 없을 것 같습니다. 고통이라는 것은 무엇을 하든 거쳐야 할 장애물 같은 존재인데, 이를 거치지 않으면 그 어떠한 것이든 이룰 수 없을 것 같다고 생각합니다. 저는 솔직히 용기 있게 삶을 마주하고 있지는 않지만, 그래야 한다는 생각을 하고 있으며, 언젠가는 스스로 변할 것을 믿고 있습니다. 우리 사회엔 귀찮고 힘든 일을 회피하려는 사람이 많은 것 같습니다. 그 이유는 앞서 말한 변화를 이루지 않아도 먹고 살 만하고, 시대의 변화 역시 자신이 아니어도 다른 사람들이 해줄 거라고 책임을 전가하려는 태도 때문이라고 생각합니다. 하지만 그렇게 묻고 지나간 일들 때문에 더 큰 고통이 생길 수도 있고, 누군가에게 지나친 아픔으로 옮겨갈 수도 있다고 생각합니다.

백호(14세)

저는 니체의 철학처럼 고통을 즐기면서 살아오지는 않았습니다. 고통을 기피의 대상으로만 생각했지 한 번도 고통이 나에게 꼭 필요한 존재라 느끼지 못했거든요. 하지만 니체의 말을 들어보니 고통이라는 것이 마냥 쓸모없게만 느껴지지는 않았습니다. 흘러가는 강물 중간중간에 방해하는 돌이나 나무가 있겠지만, 결국에 그

것들이 강물의 앞길을 막지 않는 것처럼요. 우리도 강물과 마찬가지로 생각하면 고통은 그 한순간에는 나를 괴롭히는 거겠지만, 인생 전체로 보면 더 멋지고 아름다운 모습을 만드는 것입니다. 현재 우리 사회는 고통에 슬퍼하는 법만 가르치고, 고통과 역경을 이겨내는 법을 가르치지는 않습니다. 앞으로는 이겨내는 법을 가르치는 사회가 되어야 한다고 생각합니다. 학교가 그러한 삶의 기술을 가르쳐주면 좋겠습니다.

우리(개인, 사회)가 좀 더 존엄하고 자유로운 존재로 살기 위해서, 삶의 비극을 온전히 품고 파도를 타듯 담대하게 받아들이는 삶의 기술이 필요합니다. 그 방법 중 하나가 예술이라고 할 수 있을 텐데요. 여러분이 생각할 때 우리 삶과 사회에 가장 예술이 필요한 영역은 무엇이라고 생각하나요?

홍나현(15세)

마음이 약해져 있을 때 우리는 예술에 더욱 기대게 됩니다. 뉴스를 보다 보면, 세상에는 비극이 많고 그로 인해 소중한 존재를 잃는 사람들은 더욱 많습니다. 희생자의 가족과 남겨진 사회에 예술이 위로를 전할 수 있다면 모두의 건강한 회복에 조금이나마 도움이 되지 않을까 생각합니다. 예술에 마음의 자리를 내어주다 보면 가장 깊숙한 곳에서 이 힘듦을 극복한 미래가 보일 수도 있을 테니까요.

김민(14세)

저는 고통스러운 순간이 예술을 들여야 하는 삶의 영역이라고 생각합니다. 어떤 사람에겐 그 고통 이 말할 수 없는 비밀이 될 수 있고, 어떤 이에겐 나눌수록 줄어드는 것일 수도 있습니다. 예술은 두 경우 모두에게 표현하고 위로받을 수 있는 하나밖에 없는 친구입니다. 예술을 통해 말없이도 서로 마음이 통하고 표현할 수 있다고 생각합니다. 예를 들어, 9.11 테러로 인한 큰 고통이 있는데, '그라운드 제로'라는 예술적 공간을 통해 이곳을 방문하는 모든 사람이 마음을 나눌 수 있는 것처럼 말입니다.

백호(14세)

예술은 위로, 격려, 용서를 담고 있습니다. 고통에 빠진 사람을 위로하기도 하고, 도전의 상황에서 격려하기도 하고 분노와 좌절에서 용서를 떠올리게 하는 것이 예술입니다. 이 밖에도 예술은 많은 힘을 가지고 있습니다. 고대부터 우리는 예술과 함께였습니다. 시대가 지나면서 인간은 예술의 힘을 과소평가하고 점점 삶의 영역에서 밀어내고 있습니다. 이는 아주 멍청한 생각입니다. 예술은 어느 한 부분에서 필요한 것이 아니라 인간의 삶 모든 영역에 꼭 필요한 영양분이기 때문입니다.

저는 우리가 예술을 모든 삶의 부분에 받아들여야 한다고 생각합니다. 그래야 니체가 말한 것처럼 삶을 유희하며 살 수 있을 것입니다. 예술은 인간의 반쪽입니다. 자신의 절반을 버리려고 해서는 안 됩니다. 또한, 인간이 만들거나 일궈낸 모든 것들은 예술의 산물입니다. 예술을 과소평가한다는 것은 우리의 창조물들을 부정하는 상황이나 다름없습니다. 한마디로 예술은 인간이며 인간은 예술입니다.

정윤진(16세)

프리드리히 니체는 그리스 신화에 포도주의 신으로 등장하는 디오니소스의 정신을 강조합니다. 그는 예술적 경험을 통해 인간이 생명력과 삶의 의미를 갖게 된다고 말합니다.

그럼 지금 우리 삶에서 예술이 필요할 때는 언제일까요? 저는 멜랑콜리가 찾아왔을 때가 특히 예술이 필요한 때라고 생각합니다. 혼자가 아니더라도 사람에게는 우울하거나 비관주의적인 감정을 느낄 때가 오는데, 이를 멜랑콜리라고 합니다. 내가 하는 모든 게 다 무용지물인 것 같은 멜랑콜리에 빠졌을 때, 혼자의 힘으로 빠져나오는 것은 여간 어려운 일이 아닙니다. 많은 시간과 큰 노력이 필요한 일일 겁니다.

당연히 이 허무주의에서 탈출하는 것은 다시 삶의 의미를 찾는 것입니다. 이를 위해서는 예술을 경험해야 합니다. 예술가들의 삶을 들여다보면, 그들이 이런 감정에 가장 많이 빠진 사람들이라는 것을 알 수 있습니다. 그들은 자신의 감정을 자기 나름의 방식으로 문학, 음악, 무용 등으로 표현했습니다. 예술에는 어떠한 말도 필요하지 않습니다. 작품을 감상하는 것 자체가 작품과 예술가, 내가 소통하고 치유받는 것이기 때문입니다. 누군가에게 내 사정을 털어놓으면 상대가 공감을 못하는 경우도 있고, 그런 경우엔 더 큰 상처를 받을 수도 있지만, 예술은 그렇지 않습니다. 그저 보고 듣고 느끼는 것만으로도 큰 위로를 얻고 내 삶에 활기를 불어넣습니다.

예술을 통해 내 마음속 깊은 곳까지 들어가 내가 진심으로 듣고 싶은 말을 들을 수 있게 되는 것 같습니다. 진정한 나의 모습을 마주하게 하는 거울 같은 존재가 바로 예술입니다.

2. 인간으로 살아가기 위해 필요한 것

세계적인 소설가 카프카의 소설에는 이해가 잘 되지 않는, 부조리한 내용이 많이 있습니다. 그런 카프카의 책을 읽으면 답답함이 느껴지기도 합니다. 그런데 가만 생각해보면 삶의 모순과 예측할 수 없는 인간의 운명이 바로 카프카의 소설과 같지 않은가요? 카프카는 사람들이 자신의 소설을 읽으며 삶이란 무엇인지, 인간이란 무엇인지, 어떻게 살아야 하는지에 대하여 고민해보길 바랐을지도 모르겠다는 생각이 듭니다.

프란츠 카프카의 대표적인 소설 『변신』은 어느 날 갑자기 벌레로 변해버린 그레고르 잠자라는 남자의 이야기입니다. 흉측해진 그의 외형과 달리 그의 영혼은 여전히 '잠자' 그대로였지만, 그를 대하는 가족과 사회, 환경 모든 것이 달라지기 시작합니다. 결국 그는 모든 살아갈 힘을 잃고 생명마저 잃게 되지요. 우리는 이 소설을 통해 인간이란 무엇인지, 삶은 무엇으로 구성되어 있는지, 가족의 의미는 무엇인지, 존엄함을 어떻게 지킬 수 있는지와 같은 다양한 질문을 던져볼 수 있습니다. 여러분도 인간이란, 삶이란, 존엄이란 무엇인지 함께 고민해주시길 바랍니다.

잠자는 벌레로 변하면서 노동력을 잃고 고용주나 가족 모두에게 인간으로 존중받지 못했습니다. 과연 잠자는 사회와 가족에게 어떤 존재였을까요? 카프카는 이런 설정을 통해 무엇을 이야기하고 싶었을까요?

김민(14세)

옛날에는 어린이, 장애인, 노예를 인간이라고 생각하지 않았습니다. 『변신』이 쓰인 1916년 당시 인간의 기준, 차별과 상황이 지금과 달랐을 것입니다. 오늘날 사회는 제도적이나 법적으로는 모든 사람을 인간으로 인정하고 있습니다. 아쉽게도 일상 속에 돈의 유무나 신체적 조건, 성별과 같은 것으로 차별이 여전히 있긴 하지만 말이지요.

우리는 모두 완벽할 수 없고 하루하루 성장하고 달라집니다. 그래서 지금 당장은 능력이나 역할을 인정받지 못한다고 하더라도 언젠가 달라지리라는 희망을 가질 수 있습니다. 가족이나 사회 구성원으로서 살아가며 배우고 성장하는 과정 또한 인간의 역할이라 생각합니다.

그 과정에서 가족이 중요합니다. 가족은 당장 그 가치가 보이지 않아도 서로 사랑을 나누며 이해하고 지지하는 관계라고 생각합니다. 그러나 잠자의 가족은 잠자가 벌레로 변하자 의사소통도 포기하고, 결국에는 잠자를 포기했습니다. 제 기준에선 가족의 정의에 벗어나는 모습이었습니다. 가족들이 벌레로 변한 후에도 잠자와 소통하려고 노력하고 사랑하는 마음을 잃지 않는다면 소설의 결말이 달라지지 않았을까요?

정하진(16세)

얼마 전 인터넷에서 충격적인 퇴사 이야기를 본 적이 있습니다. 한 회사에서 신입사원이 친구가 죽어서 휴가를 내고 조문하겠다는 것을 회사에서 반대했고, 이에 신입직원이 퇴사했다는 기사였습니다. 이 뉴스를 보며 회사는 정말 한 사람을 '노동자'로밖에는 보지 않는다는 것을 느꼈습니다. 기사의 댓글 중에도 '회사는 기계가 아니라 사람이 다니는 곳입니다'라는 내용이 있었습니다.

하지만 『변신』을 읽고 다시 생각해보자면, 인간은 여전히 타인에 의존하는 존재들이라고 생각합니다. 얼마 전 학교에서 친구가 자신이 공부하는 이유에 대해 "남들이 다 하니까 저도 하는 거죠"라고 답했는데요. 이렇듯 인간은 다른 사람의 영향을 많이 받고 그 관계 속에서 살아갑니다. 그러다 보면 자기의 역할이 생기고 이를 수행해야 할 때가 있으니 잘 해내는 것도 중요합니다.

이원준(16세)

안타깝지만, 오늘날 사회가 인간을 돈 버는 기계로 인식한다고 생각합니다. 사람을 평가할 때 연봉이나 직장과 같은 노동에 관련한 것들을 우선시하니까요. 자본주의 사회 속에서 인간은 자본을 만들어내는 노동의 도구로 인식되는 것이지요.

하지만 가치를 인정받지 못해도, 인간이라고 할 수 있다고 생각합니다. 가치를 인정받지 못한다는 것은 나에게 내재된 가치는 있으나, 아직 세상이 이를 알아주지 못하였음을 의미합니다. 다만 자기의 가치를 인지하고 자신감을 가진다면, 세상이 그를 알아주지 못하더라도 충분하다고 생각합니다. 자신의 가치를 인지한 사람은 언제든지 자신의 가치와 능력을 세상에 보여줄 수 있기 때문입니다.

가족은 물리적으로 피를 나눈 사이 말고도 함께 살며 마음을 공유하였다는 점에서 의미가 있습니다. 저는 가족의 본질이 사회에서 받은 상처를 서로 치유해주는 것이라고 생각합니다. 서로 위로와 따뜻함을 나누며, 내일을 살아갈 용기를 주는 것, 그것이 가족입니다.

자본적 가치로만 사람을 판단하는 사회에서 가족은 한 명의 인간에게 정말 큰 의미를 가진다고 생각합니다. 서로 끈끈하게 뭉쳐있는 가족이라면, 그 안에서 살아가는 자체로 내가 인간으로 살아가는 가치를 찾을 수 있습니다.

이강욱(16세)

소설은 가족의 본질에 대한 의문을 제기합니다. 잠자의 변신은 물리적인 형태의 변화뿐만 아니라, 가족과의 관계에서의 변화를 상징합니다. 가족은 서서히 잠자와 연결을 잃어가고, 잠자는 가족으로부터 소외됩니다. 저는 결말 부분에서 가족의 의미에 대해 크게 두 가지로 나누어 생각해보았습니다.

첫째, 가족의 기대와 부담에 대해서 생각해보았습니다. 잠자는 가족을 위해 희생을 감수하고 있었지만, 그의 변신을 통해 가족이 가진 잠자에 대한 기대와 부담이 실제로 무엇이었는지가 드러납니다. 가족은 처음에는 잠자를 돌보고자 노력하지만, 시간이 지날수록 그에 대한 피로감이 높아지고 애정이 줄어드는 모습을 보여주며, 인간성과 감정의 이해를 상실합니다. 가족들이 잠자를 버리는 행동은 어떠한 이유에서든 사랑의 감정을 잃어버렸다는, 비인간적인 행동을 나타냅니다. 가족 간의 연결이 무엇보다도 감정과 이해에 기반한다는 것을 알 수 있었습니다.

다음으로, 소설 속 가족들은 자기중심적이며 이기적입니다. 소설은 프란츠 카프카의 비판적인 시선을 반영하고 있습니다. 가족은 잠자가 더 이상 유용하지 않다고 판단하고 그를 버립니다. 이는 사회에서 우리가 가족이라는 단어에 부여하는 의미와 실제 현실 사이의 괴리를 보여줍니다. 가족들이 잠자를 버리는 결말을 통해 카프카는 가족의 본질에 대한 질문을 우리에게 던지며, 사회적, 도덕적인 문제로 고민해볼 것을 요청합니다. 그렇다면 우리는 가족이 우리에게 어떤 의미인가를 고민하며 동시에 가족이 어떤 의미여야 하는지를 함께 고민해봐야 합니다.

잠자는 외형이 바뀌었어도 영혼만은 그대로였습니다. 인간을 외형으로만 설명할 수 있는 것일까요? 나를 나답게 하는 것, 인간을 인간답게 하는 것은 무엇이라고 생각하나요?

이윤영(16세)

저는 카프카의 『변신』을 읽기 전, 우연히 주변인들에게 잠자가 처한 상황과 비슷한 상황을 가정한 질문을 농담으로 한 적이 있습니다. "내가 만약 바퀴벌레로 변한다면 너는 어떻게 할 거야?"라고 말이지요. 제가 들었던 대부분의 답은 바퀴벌레로 변한 나를 안전하게 보호할 수 있는 공간을 마련해준다거나, 자신도 같이 바퀴벌레로 변할 수 있는 방법을 찾아서 나와 함께 이 세상을 돌아다니겠다는 것이었어요. 만약 진짜 제가 벌레로 변했다면 주변의 태도는 어쩌면 잠자와 비슷했을지도 모르는 일입니다. 하지만 잠자를 그저 불쌍하게만 여기고 방 안에 가둔 소설 속 가족들의 태도는 너무나 매정한 것임을 새삼 깨달았습니다.

과연 벌레가 되어서도 가족들을 걱정한 잠자가 인간일까요, 아니면 그런 잠자를 혼자 고립시키고 결국 죽음으로까지 내몬 가족들이 인간일까요? 카프카는 일어나지 않을 상황을 소설에 담은 것이 아니라, 우리가 일상에서 고민해볼 질문을 이런 상황을 통해 던져준 것은 아닐까 생각합니다. 무엇이 우리를 인간이게 할까요?

정하진(16세)

저는 생각하는 존재를 인간이라고 말하고 싶습니다. 드라마에서 생각하지 않고 행동하는 사람들에게 “넌 인간도 아니다”라고 말하는 장면을 본 적이 있는데요. 예를 들어, “오늘 점심은 뭘 먹지?”라는 일상적인 생각을 하여도 그 선택 하나하나 깊이 생각해서 지혜로운 판단을 하는 것이 중요하다고 생각합니다. 내가 오늘 살아가며 무엇을 먹고 누구와 먹고 어떤 시간을 보낼 것인지 고민하고 갈등하고 결정하는 것이 인간답게 사는 삶이라는 것입니다.

하지만 이런 간단한 문제도 생각하지 않으려는 사람이 많습니다. 나치 독일 친위대 장교였던 아이히만은 수많은 유대인을 가스실로 보냈으면서도, 책임져야 하는 상황에 ‘나는 명령을 따랐을 뿐’이라는 말로 책임을 회피하려 했는데요. 그저 아무 생각 없이 명령을 따랐을 뿐이지만 그 명령에 수많은 사람이 죽었습니다. 이는 인간답지 못한 일이죠.

따라서, 인간이란 생각을 할 줄 아는 존재라고 생각합니다. 인간다움을 키우고, 나를 나답게 만드는 것은 독서라고 생각합니다. 저의 초등학교 시절 자아를 단단하게 만들어준 것은 책이었습니다. 책 속에서는 모두가 나를 이해해주는 느낌이 들었고, 책은 항상 나에게 상상을 펼치게 도와주었기 때문입니다. 덕분에 세상을 다른 시각으로 볼 수 있게 되었습니다. 책을 읽음으로써, 주인공을 이해하게 되고, 그 주인공과 나도 모르게 닮았던 나를 이해하게 되고, 또한 타인까지도 좀 더 이해해보려고 하는 사람이 되었기 때문입니다.

김민(14세)

'인간'이라고 검색을 하면 "생각을 하고 언어를 사용하며, 도구를 만들어 쓰고, 사회를 이루어 사는 동물"이라고 나옵니다. 잠자의 입장에서 생각해보면, 벌레로 변한 이후 언어 사용이나 도구를 만들 수 없으니까 인간이 아니라고 할 수 있는 건가 싶기도 합니다.

하지만 도덕에서는 인간, 즉 사람다운 사람을 '도덕적인 행위를 실천하는 사람'이라고 정의합니다. 가족을 위해 일하지 않고, 도구나 언어를 사용하지 않아도 도덕적인 고민과 판단을 할 수 있고 이를 선택할 수 있다면 인간이라고 할 수 있는 것입니다.

나를 나답게 만드는 가장 중요한 것은 이성이라고 생각합니다. 이성이란 선과 악을 구별하여 내가 원하는 삶을 살아가도록 돕는 것들 중 하나입니다. 이성을 통해 내가 옳다고 생각하는 걸 추구할 수 있고, 아니라고 생각하는 걸 거부할 수 있습니다. 잠자 역시 스스로 생각하고 판단할 수 있다면 인간이 꼭 벌레처럼 변해도, 인간이라고 생각합니다.

이강욱(16세)

잠자의 변신은 단순히 생물학적인 변화를 넘어서, 감정, 소통, 이해, 상호작용에 대한 어떠한 통제도 불가능한 상황을 상징합니다. 이는 우리가 어떻게 인간성을 정의하고 평가하는지에 대한 고찰을 유도합니다. 잠자는 물리적인 형태가 변해가면서 가족과의 관계에서도 소외되고 결국엔 버려지는데, 이는 우리가 서로를 어떻게 인간적으로 대하고, 이해할 수 있는지 고민하게 합니다.

이러한 관점에서 인간이 되기 위해서는 단순히 생물학적인 특성뿐만 아니라, 감정, 이해, 동정심, 소통과 같은 복잡한 측면들이 필요하다는 것을 깨달을 수 있습니다. 인간은 단순히 외모나 기능적인 특성으로만 정의될 수 없으며, 상호작용과 이해를 통해 형성되는 관계가 중요하다는 것입니다.

저는 프란츠 카프카의 작품을 통해 인간성이란 무엇인지에 대한 답을 찾기보다는, 그 질문 자체가 중요하다는 것을 깨닫게 되었습니다. 이번에 『변신』을 읽고 이야기를 나누며 감정, 이해, 소통을 통해 서로를 인간으로서 존중하며 대우하는 것이 얼마나 중요한지를 깊이 생각할 수 있었습니다.

함께 읽어볼 책과 영화

- 『내 삶에 예술을 들일 때, 니체』 박찬국 지음, 21세기북스, 2023
- 『내 이름은 레이첼 코리』 레이첼 코리 지음, 이영노 옮김, 산눈, 2011
- 『변신·시골의사』 프란츠 카프카 지음, 전영애 옮김, 민음사, 1998
- 『작은 것들의 정치』 제프리 골드파브 지음, 이충훈 옮김, 후마니타스, 2011
- 〈나, 다니엘 블레이크〉, 켄 로치 감독, 2016
- 〈미안해요, 리키〉, 켄 로치 감독, 2019
- 〈나의 올드 오크〉, 켄 로치 감독, 2024

읽다, 새로운
세계를 열다 — 5

교육

교육혁명, 어떻게 시작할 수 있을까?

함께 나눌 질문

· 의대 진학 집중 현상은 무엇이 문제인가?
· 마음 깊이 진정으로 느끼는 본질적인 앎이란 무엇인가?

의대 진학에 대한 경쟁 현상이 심각한 수준이다. 초등학생 때부터 의대 진학을 준비하는 입시학원에 가는 것은 이제 놀라운 일이 아니게 되었고, 교직에 있던 사람들이 다시 수능을 보고 의대를 진학하는 것이 하나의 트렌드가 되었다. 이제는 의대를 제외한 거의 모든 학과들이 들러리가 된 지경이다. 의대에 진학하고자 하는 과열 경쟁은 한국 교육의 오래된 문제가 하나의 현상으로 드러난 일이다. 남들과 비교해 월등하게 돈을 잘 벌 수 있는 직업과 직장을 선호하고, 그것을 위해 교육(대학)을 하나의 수단으로 삼는 문제 말이다. 거기에 더해서 수능이라는 오직 한 가지 잣대로 하는 줄

세우기식 경쟁 교육은 사교육을 부추겼고, 결국 가정의 경제적 능력에 따른 입시 성과가 지나치게 차이 나는 사회적 차별 현상을 낳았다. 최근에는 거기에 더해 자녀의 대입을 위해서라면 불법을 저지르는 일도 괘념치 않거나, 교사에게 폭력을 행하거나 법적으로 고발하는 등의 행위도 심심찮게 일어난다. 그야말로 공교육의 파탄이다. 과연 대한민국 공교육은 정상화될 수 있을 것인가?

무엇이 우리를 괴물로 만드는가?

고레에다 히로카즈의 영화 〈괴물〉은 일본의 작은 마을 초등학교를 배경으로 일어나는 하나의 사건에 대한 이야기다. 영화는 이 사건을 세 개의 시선으로 보여준다. 먼저 아들 미나토를 혼자 키우는 엄마 사오리의 시선이다. 자신과 친구처럼 잘 지내던 미나토가 언젠가부터 의기소침해지는 모습에 사오리는 걱정이 되었지만, 아이가 스스로 말할 때까지 조심히 기다린다. 하지만 어느 날부터 신발 한 쪽을 잃어버리고, 물병에 흙을 담아오고, 머리카락을 스스로 자르는 모습에 사오리는 아들에게 힘든 일이 있는지 묻는다. 망설이던 미나토는 학교 담임 교사로부터 "돼지 뇌를 이식한 인간"이라는 말을 들었다고 고백한다. 아들의 말에 충격을 받은 사오리는 학교에 찾아가 교장 선생님을 포함한 교사들에게 학교에서 무슨 일이 일어나고 있는지 밝혀달라고 부탁했다. 그러나 계속 눈치만 보며 "죄송하고, 앞으로 잘하겠다"라는 형식적이고 기계적인 답변들만 돌아올 뿐이고, 문제를 만든 당사자인 담임 교사 호리는 뻔뻔하기까지 하다.

교사들의 무책임한 모습에 답답함이 극에 달할 때쯤, 영화는 다시 영화의 첫 장면으로 돌아가 담임 교사인 호리의 시선으로 이 사건을 비춘다. 그런데, 전혀 다른 이야기다. 호리는 책이나 신문에 틀린 글자를 찾아내는 것을 좋아하는 특이한 취미를 갖고 있기는 했으나, 등교하는 아이가 넘어진 것을 부축해주고 자신의 학급에서 일어나는 갈등을 해결하기 위해 애를 쓰는 다정한 선생님이다. 미나토는 물론 그 어떤 학생에게도 폭력을 가하지 않았다. 오히려 학급 내에서 따돌림을 당하는 것 같아 보여서 미나토와 요리를 도와주려고 했다. 그런데 왜 미나토는 거짓말을 해서까지 호리를 나쁜 사람으로 몰았을까. 미나토에 대한 의구심으로 가득한 순간, 영화는 다시 미나토의 시선으로 옮겨 간다. 그리고 또 한 번, 완전히 다른 이야기가 펼쳐진다.

영화는 "괴물은 누구?"라는 질문에 어떤 답도 내놓지 않은 채 끝난다. 영화가 세 개의 시선으로 비치는 동안에도 풀리지 않는 의문점은 여전히 남는다. 세 명의 시선을 통해 몰랐던 사실을 알게 되었지만, 영화에서 제대로 비춰주지 않는 다른 인물들의 시선은 더 있다. 그 시선까지 읽어내지 않으면, 이 사건은 제대로 읽히지 않는다. 감독은 바로 이 지점을 이야기하고 싶었던 것이 아닐까. 어떤 하나의 사건을 이해하는 데는 정말 많은 노력이 필요하다는 것 말이다. 사실 그대로를 보려고 해도, 그 속의 수많은 생각과 감정과 입장을 다 이해하기란 불가능하다. 선한 의지를 가지고 한 선택이 정반대의 결과를 낳기도 하고, 답답하고 악하게 보이기도 하는 어떤 말에는 미처 헤아리지 못한 사연이 있을 수도 있다.

우리는 신이 아닌 이상 모든 순간을 다 볼 수 없고 알아차리지 못한다. 하지만 그러한 순간에도 우리는 어떤 선택을 해야 하고, 그에 따라 행동해야 한다. 내 선택이 최선의 것이 되게 하기 위해서는 안 보이는 것, 보지 못한 것을 보려고 노력할 수밖에 없다. 절대적으로 시간이 많이 드는 작업이기에, 서둘러 할 수도 없다. 게다가 아무리 애를 써도 실패할 수도 있다. 그래서 삶은 어렵다.

다정한 말을 잃은 소녀

또 한 편의 영화 〈말없는 소녀〉에서도 비슷한 메시지를 읽을 수 있다. 영화의 주인공 코오트는 조용한 아이이다. 엄마와 아빠 그리고 세 명의 언니와 한 명의 동생, 곧 태어나는 아기까지 합치면 여덟 명의 식구가 한집에 살고 있는데, 형편이 넉넉하지 않다. 게다가 아버지는 집안일에 큰 관심이 없고 자식들에게 모질기만 하다. 세 명의 언니와는 다르게 성격이 소심해 어렸을 때부터 주변의 눈치를 많이 보며 자란 코오트는 다른 또래 친구들에 비해 행동도 느리고 성장도 더딘 편이라 집에서도 학교에서도 늘 혼자다. 학교 생활이 힘들어 조퇴하고 오는 날이 부지기수였는데, 그런 코오트를 데리러 오는 아버지의 짜증에 아이는 더 주눅이 든다. 엄마마저 출산이 임박하기도 했고 계속되는 집안일에 우울증이 극에 달해 코오트를 돌볼 여력이 없다. 그런 집안에서 코오트는 점점 소외되어 가고, 자신의 마음과는 다르게 밤마다 이불에 실수를 하는 자기 자신을 미워하는 지경에 이르렀다.

다른 아이들보다 손이 더 가는 코오트를 더 이상 돌보기가 힘들다고 판단한 부모는 방학 동안에 그녀를 먼 친척에게 맡기기로 결정한다. 아버지와 코오트는 먼 길을 달려오는 동안 한 마디도 나누지 않은 채 한적한 시골의 농장에 도착했다. 차 안에서 주변의 상황만 살피던 코오트에게 에이블린이 무릎을 낮추고 "제대로 볼 수 있게 나와보렴"이라고 다정하게 말을 건넨다. 제대로 씻지 않아 구석구석 땟자국이 보이고, 비쩍 마른 몸의 코오트를 에이블린 아주머니는 그저 미소로 바라본다.

이런 따뜻함이 낯선 코오트는 에이블린의 다정한 손길로 목욕을 하고 그녀가 준 잠옷을 입으며 잠자리에 든다. 다음 날 아침, 어김없이 침대에 실수를 했다. 혼날 것이라고 생각한 코오트는 창문을 바라보면서 눈을 질끈 감고 고개를 숙인 채 부끄럽고 미안한 마음에 아무 말도 하지 못하고 멀뚱히 서 있었다. 그런데 에이블린이 다가와 이렇게 말한다. "이것 좀 봐, 매트리스가 오래돼 푹 꺼져버렸네. 너를 왜 여기에 재웠을까? 잠옷은 벗으렴."

그렇게 맡겨진 곳에서 일상이 시작된다. 아주머니와 함께 양파를 까고, 집 안을 청소하고, 우물물을 길어오고, 다림질하고, 함께 간식을 먹는다. 밖에 나가서는 숀 아저씨의 농장 일을 도우며 차근차근 일을 배운다. 처음에는 무뚝뚝했던 아저씨도 코오트와 함께 책을 읽으며 글자를 가르쳐주기도 하고, 농장 일을 같이 다니며 코오트에게 달리기를 해보라고 권하기도 한다. 조용하지만, 평온한 하루하루가 지나간다.

방학이 끝나고 집으로 돌아가야 하는 때가 되었다. 몇 주 만에 돌아온 집은 새로운 동생이 태어난 것을 빼면 변한 것이 없다. 지저분한 책상, 어지러운 집안, 무관심한 아빠, 우울한 엄마. 오랜만에 돌아온 코오트를 반겨주는 사람은 한 명도 없다. 부부 역시 떨어지지 않는 발걸음을 어렵게 차로 향하며 "잘 지내렴"이라는 말과 함께 아저씨의 차가 코오트의 집을 떠난다.

"자갈 진입로에서 자동차가 브레이크를 밟는 소리와 대문이 열리는 소리가 들리고, 어느새 나는 내가 제일 잘하는 일을 하고 있다. 생각할 필요도 없는 일이다. 나는 선 자세에서 곧장 출발하여 진입로를 달려 내려간다. 심장이 가슴 속이 아니라 내 손에 쥐어져 있는 것 같다. 나는 내 마음을 전하는 전령이 된 것처럼 그것을 들고 신속하게 달리고 있다. 여러 가지 일들이 마음속을 스친다. 벽지에 그려진 남자아이, 길 잃은 어린 암소, 젖은 매트리스, 세 번째 빛. 나는 내 여름을, 지금을, 그리고 대체로 이 순간만을 생각한다. (중략)

나는 손을 놓으면 물에 빠지기라도 할 것처럼 아저씨를 꽉 붙든 채 아주머니가 목구멍 속으로 흐느끼다가 울다가를 반복하는 소리를 듣는다. 꼭 한 명이 아니라 두 명 때문에 우는 것 같다. 나는 차마 눈을 뜰 수가 없지만 그래도 억지로 뜬다. 킨셀라 아저씨의 어깨 너머 진입로를, 아저씨가 볼 수 없는 것을 뚫어져라 쳐다본다. 아저씨의 품에서 내려가서 나를 자상하게 보살펴 준 아주머니에게 절대로, 절대로 말하지 않겠다고 얘기하고 싶은 마음이 굴뚝같지만, 더욱 심오한 무언가 때문에 나는 아저씨의 품에 안긴 채 꼭 잡고 놓지 않는다."

–클레이 키건, 『맡겨진 소녀』, 96쪽, 다산책방

코오트가 말이 없었던 이유는 그녀에게 말을 건네는 사람도, 그녀가 할 수 있는 말도 없었기 때문 아니었을까. 킨셀라 부부를 만난 후에도 코오트가 말이 많아진 것은 아니다. 하지만 '말로 다 형용할 수 없는' 혹은 '새로운 말이 필요한' 순간이 새롭게 생겨났다. 다정함이 삶의 환희를 가능하게 했고, 살아갈 이유를 준 것이다. 말이 없다는 것은 결과적으로 같을지언정, 그녀의 삶에 생긴 변화는 혁명적이다.

교육, 다정한 서술자가 되는 길

폴란드 대표 소설가이자 2018년 노벨 문학상을 받은 소설 올가 토카르추크(Olga Nawoja Tokarczuk)는 다정함에 대해서 이렇게 정의한다.

> "다정함이란 대상을 의인화해서 바라보고, 감정을 공유하고, 끊임없이 나와 닮은 점을 찾아낼 줄 아는 기술입니다. 이야기를 만든다는 것은 대상에 끊임없이 생명력을 불어넣고, 인간의 경험들, 그들이 겪었던 상황들과 기억들로 대표되는 이 세상의 모든 작은 조각과 파편들에 존재 가치를 부여하는 것을 의미합

니다. (중략)

다정함은 우리가 '나 자신'이 아닌 다른 존재를 면밀하고 주의 깊게 바라볼 때 구현됩니다.

다정함은 자발적이며 사심이 없습니다. 연민에 기반한 동질감을 초월하는 감정으로서 다소 멜랑콜리한 듯하지만 의식적으로 운명을 공유합니다. 다정함이란 다른 존재, 그들의 연약함과 고유한 특성, 그리고 고통이나 시간의 흐름에 대한 그 존재의 나약한 본질에 대해 정서적으로 깊은 관심을 표명하는 것입니다."

– 올가 토카르추크, 『다정한 서술자』, 363~364쪽, 민음사

모든 인간에게는 이러한 마음이 필요하다. 일상에서 마주하는 수많은 비극적인 일들과 이해를 할 수 없는 사건들, 받아들이기 어려운 고통스러운 재난이 있더라도, '그럼에도 불구하고' 다정한 마음을 지킬 수 있는 힘이다. 주변에서 들리는 모든 이야기를 이해하려고 하지 않아도, 많은 말을 할 필요도 없다.

물론 그 작업은 어렵고 힘들다. 다 볼 수 없고 들을 수 없는 일에 대해, 이해하기 어려운 사람과 사건에 대해 알고자 노력한다는 것은 거의 불가능에 가까운 일이다. 하지만 힘들고 어렵다고 그 노력을 하지 않을 때, 우리는 괴물이 된다. 하나의 말만 듣고, 하나의 면

만 보고, 하나의 상황만 파악해서는 우리는 반드시 잘못된 판단과 선택을 하게 될 수밖에 없기 때문이다.

영화 〈괴물〉 속 사오리의 시선으로만 봤을 때 호리가 폭력 교사로 지역 신문에 보도되고 학부모들에게 공개 사과를 하는 것은 너무나 약소한 처벌이지만, 호리의 입장을 들여다보면 그것이 얼마나 억울한 처사인지 알게 되듯이 말이다. 시종일관 사건을 무마하기 위해서만 일관하는, 감정이 하나도 없어 보이는 로봇 같은 교장이지만, 그녀의 삶에도 분명 어떤 사연이 있을 것이다. 아이들을 위해 매일 혼자 학교에 남아 바닥에 붙은 껌을 열심히 떼는 모습이나, 아무에게도 진실을 말하지 못하는 미나토에게 다정하게 말을 건네고 허심탄회하게 트럼펫을 불며 자신의 감정에 솔직할 수 있도록 기회를 준 것도 바로 그 교장이기 때문이다.

우리의 현실은 어떤가? 감독이 똑같은 사건을 여러 개의 시선으로 보여주는 것처럼 세상을 보고 있는가? 그렇지 않은 듯하다. 어떤 사건이 발생해 언론에 보도되면 마치 그것이 전부인 것처럼 받아들이고 말한다. 수많은 언론이 다양한 시선을 비춰주느냐면, 그렇지 않다. 오히려 어떤 단면 하나가 세상의 전부인 것처럼, 매우 객관적이고 정확한 사실인 것처럼 말하는 형국이 들불처럼 퍼져 나간다.

언론만 그러한가, 우리의 일상을 지배하는 이야기들도 그렇다. 교육에서도 마찬가지다. 수능 점수만 높으면, 입시 성과만 좋으면 된다는 단 하나의 기준으로 본다면, 그것을 방해하고 막아서는 것들을 과감하게 제거하는 쪽으로 움직일 수밖에 없다. 요즘 아이들이 다른 사람을 배려할 줄 모르고 사회성이 없다는 말들이 정말 많은데, 과연 그것은 단순하게 세대론으로 웃어넘길 일인가? 친구를 경쟁자로 보는 자기 자신이 괴물처럼 느껴지지만, 그렇다고 현실을 무시할 수 없어 힘들다고 이야기하는 학생들에게 대학 갈 때까지 몇 년만 참으라고 이야기하는 어른들 혹은 사회 시스템이 진짜 괴물이다.

미국의 에세이스트 수전 손택은 프랑크푸르트 국제도서전 수상연설 '문학은 자유다'에서 "정신적 약탈자들의 말을 믿지 않게 만드는 것"이 작가가 할 일이라며, "세계를 있는 그대로의 모습으로, 여러 가지 다른 주장과 파편과 경험으로 가득 찬 것으로 보게 하는 것"이 작가로서 소명이라고 말했다. 그녀의 말에서 작가를 교육으로 바꿔본다. 교육은 정신적 약탈자의 말을 믿고 있지는 않은지, 하나의 목소리와 시선으로 세상을 보고 있는 것은 아닐지 스스로 점검할 줄 아는 방법을 가르치는 일이다. "그래서 괴물은 누구?"라는 질문에 내가 그 괴물이 되지 않으려고 노력하는 인간된 최소한의 도리를 할 수 있게 하는 것이 교육이다. 그 과정을 통해 우리는 서로를 괴롭히고 상처 주는 괴물에서, 다정하게 손을 내미는 인간이 될 수 있다.

함께 생각해보기

1. 다정하라, 살아남기 위해서

소설 『맡겨진 소녀』의 주인공은 가난한 집에서 태어나 사랑을 제대로 받아본 적 없이 자란 소녀입니다. 소녀에게는 언니와 동생들이 있었는데, 막냇동생이 곧 태어날 예정이라 가장 '먹는 것을 축내는' 소녀는 먼 친척 집에 맡겨집니다. 맡겨지는 사람이 5남매 중에 왜 그녀여야 했는지, 그녀의 아버지는 왜 집안일에 관심이 없는지, 엄마는 왜 아이를 돌볼 수 없는지, 언니들은 왜 그녀에게 쌀쌀맞은지 소설은 설명해주지 않기 때문에 열심히 상상해볼 수밖에 없습니다.

그리고, 그녀를 맞이한 킨셀라 부부의 삶 역시 마찬가지입니다.

이웃의 대화를 통해 짐작은 할 수 있지만, 그들이 왜 '맡겨진 소녀'에게 그토록 친절하고 다정한지 정확한 이유는 알 수 없습니다. 하지만 그들의 만남과 함께 보낸 시간을 통해 서로가 변했다는 것을 느낄 수 있습니다. 그 속에서 깊은 감동과 따듯함을 느낀다는 점도 말이지요.

영화 〈괴물〉 역시 마찬가지입니다. 영화는 일본의 작은 마을 초등학교에서 일어난 하나의 사건을 세 개의 시선으로 보여줍니다. 각각의 시선으로 봤을 때 '괴물'로 지목할 수 있는 사람들이 있는데, 그 사람들의 입장에서 보면 전혀 다른 이야기들이 펼쳐집니다. 겉으로 보이는 모습만으로는 서로를 오해하기 십상이고, 오해는 서로를 괴물로 만드는 것이죠.

두 이야기를 통해 우리가 알 수 있는 것은 보이지 않는 부분을 읽어내야만 한다는 사실입니다. 하지만 그 작업은 무척 어렵고 힘듭니다. 어떤 사연이 있는지 모든 것을 알기가 어렵고, 어떤 마음인지 말로 다 표현될 수 없는 것들이 많기 때문입니다. 이때 우리에게는 상상력이 필요합니다. 내 마음대로 이야기를 만들어내어 단정 짓는 것이 아니라, 수만 가지 가능할 수 있는 이야기들을 상상하며, 이해의 폭을 넓히는 것입니다.

"모든 이야기는 우리가 상상한 것보다 훨씬 많은 힘이 있다. 우리는 현실의 세계를 살지만 허구와 환상의 세계-이야기의 세계에도 살기 때문이다. 내면에 깊게 뿌리 내린 다음 우리가 그 안에서 굳어져 그것에 따라 살게 만드는 것이 바로 이야기의 무시무시하고 엄청난 힘이다. 우리가 다른 이야기를 필요로 하는 이유? 하나의 이야기밖에 모른다면 하나의 삶밖에 살지 못하기 때문에. 다른 세계가 다른 삶이 가능함을 알지 못하기 때문에."

-정혜윤, 『삶의 발명』, 212~213쪽, 위고

다정하다는 것은 조용히, 조심히, 신중하게, 다른 사람과 시간과 공간과 시대를 들여다보는 행위입니다. 생각하고, 상상하고, 배려하는 것이 인간만이 가진 특징이고, 그것이 우리를 생존하게 한 힘이었다면, 다정하지 못한 시대는 결국 붕괴하고 말 것입니다. 불평등한 사회, 누군가 힘을 독점한 사회, 잔인함이 판을 치는 사회는 역사 속에서 늘 멸망했듯 말이지요. 다정함이 우리를 살아남게 할 것입니다. 살아남을 수 있도록, 다정하게 세상을 바라보는 시도를 해보았습니다.

다정함이 필요한 순간

홍나현(16세)

지금 우리가 사는 세상은 너무 차갑고 냉정해서, 오히려 작은 이해와 배려만으로도 다정함과 따뜻함을 느낄 수 있게 된 것 같습니다. 저는 많은 사람이 남들을 잘 모르는 상태에서 어떤 잣대로 생각하지 않기만 해도 세상이 한층 더 다정해질 거라고 생각합니다. 하나의 기준만 들이밀지 않고, 더 다양한 측면을 살펴보면 서로 이해할 수 있는 부분이 많아지겠죠. 그런데 요즘 대부분의 경우 자신이 모든 것을 알고 있다고 생각하거나 말하는 것 같아요. 우리가 모든 것을 다 볼 수 없다는 것을 인정하고 세상을 살아가야 한다고 생각합니다.

박미주(18세)

서구권 사회에는 지나가는 사람과 눈을 맞추고 인사하거나 계산할 때 짧은 인사를 나누는 문화가 있습니다. 공공장소에서 마주친 사람에게 실례를 표현하고 괜찮다고 해주는 것도 있지요. 저는 이런 모습도 다정한 것이라고 생각합니다. 우리 사회도 예전에는 좋은 문화가 많았다고 하는데, 요즘은 '빨리빨리'만이 한국의 정체성이라 여기는 것 같습니다.

다정함은 어려운 것이 아니라 일상의 아주 작은 부분에서 비롯한다고 생각합니다. 서로에게 긍정적으로 다가갈 수 있는 순간들이 필요합니다. 길거리에서 눈을 마주쳤을 때 미소 짓는 것, 학교에서 친구들에게 조금 더 다정하게 말을 건네는 것, 동네에서 마주친 이웃에게 인사하는 것. 이런 사소한 순간들 말이지요.

박장원(15세)

다정한 눈길과 손길이 절실하게 필요하다고 생각하는 곳은 학교와 학원이에요. 특히 학원이요. 학원도 공부하는 곳이니, 선생님과 학생이 서로 존중하고 소통해야 하는데, 전혀 그렇지 않아요. 그냥 기계처럼 가르치고 배울 뿐이지요. 배움의 즐거움과 그 과정에서 존경과 배려, 이런 것을 기대하면 안 되는 걸까요?

그리고 정치에서도 다정함이 정말 필요하다고 생각합니다. 정치란 좋은 사회를 만들기 위해 함께 고민하고 토론하며 협상하는 과정인데, 오직 몇몇 사람들 혹은 당의 이익만을 위해 주장하는 모습만 보는 것 같습니다. 잘못했으면 인정하고, 사회 전체를 생각할 수 있어야 합니다. 나의 주장이나 선택이 사회 전체에 어떤 영향을 줄지 세심하게 생각하는 일이 정치에서 필요한 다정함입니다. 우리 편과 상대편으로 나누어서 생각하는 일을 멈추고, 더 많은 사람들의 이야기에 귀 기울일 힘이 필요합니다.

정은호(15세)

우리 사회는 다른 사람과 경쟁할 수밖에 없는 구조로 되어 있습니다. 학교에서 내 옆에 있는 친구보다 1점이라도 더 좋은 성적을 받아야 원하는 대학에 갈 수 있고, 더 좋은 직장을 얻을 수 있으며, 돈을 더 벌 수 있다는 상황에서 우리는 과연 서로에게 다정해질 수 있을까요? 『다정한 것이 살아남는다』라는 책에서 적자생존, 그러니까 경쟁해서 살아남는 방식의 진화론은 최악의 생존 방법이라고 한 부분이 있습니다. 살아남으려고 하는 생각은 큰 스트레스를 줘서 면역체계를 망가뜨리고 결국 더 적은 후손을 남기게 된다고 말이지요. 우리나라가 출생율이 낮은 것을 정확하게 설명해주는 근거가 아닐까 생각했습니다.

경쟁이 우리를 성장하게 하고 살아가게 하는 힘이 아닐 수 있다는 것을 깨달았으면 좋겠어요. 서로가 협력하면 더 살기 좋은 사회를 만들 수 있다는 생각의 전환이 필요합니다.

다정함이 우리를 살게 한다

홍지아(15세)

우리가 살아가고 있는 이 시대에 다정한 눈길로 들여다봐야 할 대상은 바로 '나' 자신인 것 같습니다. 주변을 보면 자기 자신에게

채찍질하는 사람이 참 많습니다. 끝없이 남들과 비교하며 자기 그대로의 모습을 감추거나 버린 채 살아가는 듯합니다. 삶의 목표가 무엇인지, 추구하는 행복은 어떤 모습인지 질문하는 삶을 살 수 있도록 하는 힘은 자기 자신을 다정하게 바라볼 때 가능하다고 생각합니다. 제가 지금보다 조금 더 어렸을 때 아무런 표정 없이 학원에 가는 사람들을 보며 저렇게 살고 싶지 않다고 생각했는데, 지금의 제 모습을 보면 그 사람들과 별로 다를 것이 없습니다. 저 자신을 좀 더 제대로 보려고 합니다.

이은성(15세)

학교에는 정말 다양한 친구들이 있습니다. 이중 몇몇은 소외당하거나 미움을 받습니다. 그런데 대부분의 학생들은 그 친구가 왜 그런 상황에 놓이는지 생각하지 않기도 하고, 그 친구가 과거에 했던 단편적인 행동이나 말로 섣불리 판단하기도 합니다. 저는 이런 친구들을 조금 더 다정하게 바라봐야 한다고 생각합니다. 어떤 친구가 진짜 피해를 줬다고 하더라도, 그 친구가 왜 그렇게 했는지 들어보려고 노력한다면 오히려 나쁜 일이 더 줄어들 수 있으니까요. 잘못된 행동을 개선할 수도 있고, 좋은 일이 더 많이 생길 수도 있습니다. 소외와 왕따가 좋은 결과를 가져올 수는 없습니다. 누구든 소외당할 수 있는 사회라면 불안하기 때문입니다. 학교에서 소외된 친구들을 좀 더 관심 있게 들여다볼 수 있다면, 우리 모두가 더 행복한 학교를 만들 수 있을 것입니다.

백호(15세)

곰곰이 생각해보니 저는 지금까지 다정한 사회를 거의 본 적이 없는 것 같습니다. 서로를 헐뜯고 비방하며 상처를 주는 모습만 보았어요. 그런 상처들이 늘어나면 사람들은 마음을 굳게 닫습니다. 이런 과정이 반복되어 우리 사회는 점점 더 냉정한 모습을 띠어갑니다. 그야말로 악순환이지요. 이 악순환을 깨려고 하는 노력이 절실하게 필요한 것 같습니다. 무심코 지나쳤던 사람들에게 관심을 기울이고 알아가려고 노력하는 것, 모르는 사람이라도 어려움을 겪고 있다면 기꺼이 손을 내미는 것, 그런 시도들이 우리를 더 행복하게 할 수 있다는 믿음을 포기하지 않는 것이 제가 생각하는 다정함을 지키는 방법입니다.

최준안(16세)

『맡겨진 소녀』에서 주인공 소녀는 조용하고 필요한 대답이 아니면 아무 말도 하지 않는 과묵한 아이로 묘사됩니다. 하지만 소녀가 그럴 수밖에 없던 이유가 있었습니다. 무심하고 엄한 아버지와 바쁜 어머니 사이에서 소녀는 아무런 관심도 받을 수 없었습니다. 그들은 소녀가 무슨 말을 해도 들을 시간도, 들을 생각도 없었고 그런 환경 속 소녀는 조용하고 대답만 하는 과묵한 성격이 되어버린 것입니다.

그러던 중 소녀는 킨셀라 부부에게 맡겨지게 되었고 그 부부가 소녀의 굳게 닫힌 세계의 문을 열어주는 시작이었습니다. 킨셀라 부부는 먼 친척의 아이임에도 따뜻한 사랑을 주며 열심히 돌보려 했습니다. 그 마음이 진정 소녀를 향한 연민인지 혹은 죽은 자식에게 주지 못한 사랑인지는 알 수 없지만, 소녀는 누구에게도 받아보지 못한 새로운 감정이었습니다. 소녀는 그 다정한 감정을 두려워하기도 하며 한 번씩 아픔을 느끼기도 합니다. 자기 손을 잡아준 아저씨의 손이 자신의 아버지는 한 번도 손을 잡아주지 않은 기억을 떠올리게 하곤 하는 것처럼 말입니다.

그러나 킨셀라 부부가 소녀에게 준 무한한 애정은 두려움과 아픔에서 사랑이라는 온전한 감정으로 느낄 수 있게 도와주었습니다. 이제 소녀는 사랑이라는 감정을 그대로 받아들이고 느낄 수 있게 된 것입니다. 그렇게 아무에게도 열어주지 않을 것 같던 소녀의 닫힌 마음이 점점 열리면서 킨셀라 부부를 받아들이고 그들에게 받은 사랑을 돌려줄 수 있게 되었습니다.

소설 초반부 소녀의 침묵은 아무도 사랑을 주지 않았기에 일어난 불행한 침묵이었지만, 킨셀라 부부를 만난 후 소녀의 침묵은 서로를 말없이도 알 수 있었기에 일어난 행복한 침묵이 되었습니다. 다정함이란 감정은 한 번도 사랑받지 못한 사람도 사랑할 수 있게 하고 사랑이 무엇인지 알려줄 수 있게 합니다. 누구든지 사랑할 수 있는 마음을 가지고 있다는 건 세상에 모든 사람들의 마음속 세계에 들어가 그들을 도와줄 수 있는 준비를 마쳤다는 것입니다.

다정한 인간이 되겠다는 다짐

백호(15세)

우리는 자기만 잘 되려고 하고, 다른 사람의 이야기에는 제대로 관심을 기울이지 못하고 있습니다. 그럼 당연히 다른 사람을 이해하기 힘들고, 당장 자신과 연관이 없는 일이라고 생각하는 일에는 아무것도 할 수 없습니다. 이런 무관심 때문에 자꾸만 아픔과 고통이 생겨나고, 심지어 생명을 잃는 경우도 많이 생깁니다. 조금만 더 관심을 기울이고 알고자 하면 해결할 수 있는 일이 너무 많습니다. 저도 마찬가지입니다. 제 주변에 이해하려고 시도조차 해보지 않았던 사람들의 삶을 알고 싶어졌습니다. 제가 누군가의 위로와 격려 덕분에 삶의 희망을 얻었듯, 저도 누군가에게 그런 힘이 되고 싶습니다.

김도현(15세)

영화 〈괴물〉의 주인공 미나토는 담임 선생님에게 폭언과 폭력을 당했다고 말했고, 그 때문에 담임 선생님은 학교에서 쫓겨났습니다. 그건 사실이 아니었는데 말이지요. 이 사실만 두고 보면 미나토는 나쁜 아이이지만, 사실 미나토는 반에서 왕따를 당하는 친구에게 미안한 마음과 용기를 내지 못하는 자신의 비겁한 모습에 화가 났을 뿐입니다. 그런 아이의 상황을 제대로 들여다보지 않으려 했던 어른들과 친구들의 시선이 더해져 담임 선생님을 곤란한 처지에 놓이게 했지요. 미나토뿐만 아니라 영화에 등장하는 어른들에게도 각자의 이야기가 있습니다.

눈에 보이는 것만 보는 것은 위험합니다. 단지 영화일 뿐이라고 생각할 수 있지만, 현실에서도 다른 사람의 삶을 보지 않으려는 경우 때문에 거짓과 조작된 뉴스가 많잖아요. 어떤 사건을 파헤치겠다는 유튜버들이 '정의'를 이야기하지만, 그게 정말 정의로운 일일까요?

이런 사회를 바꾸고 싶습니다. 내 생각과 다르다고 다른 사람을 괴물로 여겨 인간으로 취급하지 않는 세상에서 살고 싶지 않습니다. "양쪽 이야기를 모두 들어봐야 한다"라는 흔한 말처럼, 서로를 적으로 볼 것이 아니라 더 다양한 이야기를 들으려고 노력하겠습니다.

장희원(16세)

인터넷 창을 켜면 자극적인 헤드라인 뉴스가 가장 먼저 눈에 보입니다. 그런 것들의 내용은 대부분 비슷합니다. 이런 게 맞다, 저런 게 맞다, 이런 사람은 옳고 저런 사람은 괴물이다, 그런 내용들이지요. 저는 이런 편파적이고 평면적인 이야기들에 현혹되지 않겠다고 생각한 적이 있는데, 그런 뉴스들을 읽고 있으면 어느샌가 생각할 겨를도 없이 눈에 보이는 것을 믿고 있는 때가 있었습니다.

우리는 모두 누군가에게 괴물이고, 누군가에게 다정한 사람들입니다. 그런 양면적이고 다채로운 모습을 가지고 있기 때문에 오해하기 쉽습니다. 저는 사람과 상황, 시대를 읽어내는 사람이 되고 싶습니다. 어떤 사람이 이렇게 행동해야만 했던 이유가 무엇인지, 내가 이 상황을 잘못 읽어내고 있는 건 아닐지, 이 시대에 무엇이 필요한지 생각하고 상상하려고 노력할 것입니다. 그런 노력이 있어야만 보이지 않는 이야기가 우리를 찾아올 것이라고 생각합니다.

2. 우리 모두, 친절하기를!

여러분은 자기 자신에게 친절하신가요? 이런 질문을 하게 된 것은 '수학계의 노벨상'이라고 불리는 필즈상을 받은 수학자 허준이 교수의 서울대학교 졸업식 축사를 보았기 때문입니다. 허준이 교수의 어릴 적 꿈은 시인이었다고 하는데, 그래서 그럴까요, 졸업 축사의 단어 하나, 문장 하나가 많은 뜻과 의미를 담고 있는 듯 느껴졌습니다. 조금 길지만 축사 일부를 옮겨봅니다.

> "우리가 80년을 건강하게 산다고 가정하면 약 3만 일을 사는 셈인데, 우리 직관이 다루기엔 제법 큰 수입니다. 저는 대략 그 절반을 지나 보냈고, 여러분 대부분은 약 3분의 1을 지나 보냈습니다. 혹시 그중 며칠을 기억하고 있는지 세어본 적 있으신가요? 쉼 없이 들이쉬고 내쉬는 우리가 오랫동안 잡고 있을 날들은 3만의 아주 일부입니다.
>
> 먼 옛날의 나와, 지금 여기의 나와, 먼 훗날의 나라는 세 명의 완벽히 낯선 사람들을 이런 날들이 엉성하게 이어주고 있습니다. 마무리 짓고 새롭게 시작하는 오늘 졸업식이 그런 날 중 하나일 수 있겠다는 생각이 듭니다. 그런 하루를 여러분과 공유할 수 있어서 무척 기쁩니다. (중략)
>
> 실패를 두려워하지 말고 도전하라. 편안하고 안전한 길을 거부하라. 타협하지 말고 자신의 진짜 꿈을 좇아라. 모두 좋은 조언이고 사회의 입장에서는 특히나 유용한 말입니다만, 개인의 입장은 다를 수 있음을 여러분은 이미 고민해봤습니다. 제로섬

상대평가의 몇 가지 퉁명스러운 기준을 따른다면, 일부만이 예외적으로 성공할 것입니다. 여러 변덕스러운 우연이, 지쳐버린 타인이, 그리고 누구보다 자신이 자신에게 모질게 굴 수 있으니 마음 단단히 먹기 바랍니다. 나는 커서 어떻게 살까, 오래된 질문을 오늘부터의 매일이 대답해줍니다.

취업 준비, 결혼 준비, 육아, 교육, 승진, 은퇴, 노후 준비를 거쳐 어디 병원 그럴듯한 1인실에서 사망하기 위한 준비에 산만해지지 않기를 바랍니다. 무례와 혐오와 경쟁과 분열과 비교와 나태와 허무의 달콤함에 길들지 말길, 의미와 무의미의 온갖 폭력을 이겨내고 하루하루를 온전히 경험하길, 그 끝에서 오래 기다리고 있는 낯선 나를 아무 아쉬움 없이 맞이하길 바랍니다. (중략)

수학은 무모순이 용납하는 어떤 정의도 허락합니다. 수학자들 주요 업무가 그중 무엇을 쓸지 선택하는 것인데, 언어를 어떻게 사용할 것인가에 대한 가능한 여러 가지 약속 중 무엇이 가장 아름다운 구조를 끌어내는지가 그 가치의 잣대가 됩니다. 오늘같이 특별한 날 특별한 곳에서 특별한 사람들과 함께하니 들뜬 마음에 모든 시도가 소중해 보입니다. 타인을 내가 아직 기억하지 못하는 먼 미래의 자신으로, 자신을 잠시지만 지금 여기서 온전히 함께하고 있는 타인으로 받아들일 수 있을까 궁

금해집니다.

졸업생 여러분, 오래 준비한 완성을 축하하고, 오늘의 새로운 시작을 축하합니다. 서로에게, 그리고 자신에게 친절하시길, 그리고 그 친절을 먼 미래의 우리에게 잘 전달해주길 바랍니다. 응원합니다. 축하합니다. 감사합니다."

-허준이, 2022 서울대학교 후기 학위수여식 연설 중에서

허준이 교수는 수학을 통해 세상의 아름다움을 말한다고 합니다. 이 세계를 어떻게 이해하고 바라볼 것인가, 어떻게 설명할 것인지를 생각하고 또 생각하면서 그 언어를 찾는데, 가능한 방법 중 가장 아름다운 것을 선택하는 것이 수학자의 일이라고 말하지요. 그런데 그것은 다만 수학자의 일뿐만 아니라 모든 인간의 일이 아닐까 생각합니다. 세계에는 이해할 수 없는 것들, 풀어야만 하는 문제들, 개선하고 바꾸어야 할 일들이 너무나 많습니다. 지금 당장은 해결책이 없어 보이지만, 이 문제를 풀어내 아름다운 것을 발견하고자 하는 인간의 의지는 결국 새로운 생각을 탄생시키고, 인간의 역사는 그렇게 진보해왔습니다.

먼 미래의 우리에게 친절하기 위해 우리는 이 찰나의 시간을 소중하게 보내야 합니다. 때로는 달콤한 나태의 유혹이, 때로는 노력해도 성과가 돌아오지 않는 처절한 실패가 있을 것입니다. 그러나

우리가 실망하지 않고 다시, 또다시 삶에 대한 더 나은 대답을 하기 위해 나아갈 수 있어야 합니다.

나 자신을 위한 축사를 보내봅시다. 오늘과 미래에 나에게 더 친절할 수 있도록, 앞으로 어떤 미래를 만들어가고 싶은지 다짐과 꿈을 담아 여러분도 스스로에게 축사를 보내보면 어떨까요?

"무례와 혐오와 경쟁과 분열과 비교와 나태와 허무의 달콤함에 길들지 말길, 의미와 무의미의 온갖 폭력을 이겨내고 하루하루를 온전히 경험하길, 그 끝에서 오래 기다리고 있는 낯선 나를 아무 아쉬움 없이 맞이하길 바랍니다."

이윤영(15세)

허준이 교수님은 나라는 존재를 '먼 옛날의 나와, 지금 여기의 나와, 먼 훗날의 나는 세 명의 완벽히 낯선 사람들'이라고 표현했습니다. 우리는 매일매일 새로워집니다. 일상의 반복이 나를 새롭게 하고, 반복적이지 않은 다양한 사건들 또한 나를 즐겁게 합니다.

저는 앞으로 수많은 불확실하고 불투명한 미래를 마주할 겁니다. 하지만 그런 미래들에 미리 두려워하지 않기를 바랍니다. 나날이 새로워질 저에게 미리 용기 내라고 말하고 싶습니다.

교수님의 축사처럼, 앞으로는 자신에게 아쉬움과 후회가 남지 않는 삶을 그려나갈 수 있다면 좋겠습니다. 하루를 그냥 흘려보내는 것이 아니라, 이 세상의 온전한 아름다움을 발견하고, 그것을 즐기는 하루를 살아낼 수 있다면 좋겠습니다. 무엇보다 나 자신에게 많은 시간과 여유를 허락할 수 있으면 좋겠습니다. 자신에게 귀 기울이고, 토닥여줄 힘을 가질 수 있길 소망합니다. 우리 모두 언제나 진정한 자기 모습을 잃지 않는 사람이 됩시다. 모두 자신에게 친절하고 따뜻한 사람이길!

"오늘의 새로운 시작을 축하합니다."

최준안(14세)

전 이제 곧 중학교 2학년이 됩니다. 아마 지금처럼 여유롭고 편안하게 쉴 시간이 더욱 줄어들지도 모릅니다. 편안하게 의자에서, 내가 좋아하는 책들을 읽는 시간보다 남들보다 조금 더 앞서가기 위해 시간을 쓰고 있을 수도 있을 것입니다.

허준이 선생님의 말씀처럼 제 인생에서 중학교 2학년의 시간은 굉장히 짧은 한 부분일 것입니다. 어른들이 보기에도 매우 짧고 별일 없는 시간일지 모릅니다. 그러나 2학년이 된다는 것은, 제게는 새로운 도전이자 변화의 시작입니다. 중학교에 들어와 초등학교 때보다 어려웠던 것과 같이, 2학년이 되면 분명 훨씬 어려워질 수도 있을 것입니다.

저는 남들이 보기에 길어 보이지 않는 이 시간 속에서, 제 나름대로 열심히 살아가고 싶습니다. 공부하고, 책 읽고, 친구들과 함께 놀고, 가족들과 시간을 보내며 행복하고 알차게 살아가고 싶습니다. 지금까지 그래왔던 것처럼 이 작은 과정들이 모여 선을 이루고, 이 선들이 모여 제 인생을 만들어줄 것입니다. 그리고 이 새로운 시작은 매년 저를 찾아올 것입니다. 저의 할 일은 이제 이 새로운 시작을 마주하고 그 시작을 축하하는 일입니다. 그리고 지금의 새로운 시작들은 미래의 제가 새로운 시작을 받아들이는 데 도움이 될 것입니다. 그리고 미래의 커다란 인생의 한 부분이 될 것입니다.

지금까지 잘 해왔던 것처럼, 지금까지 변화해왔던 것처럼, 그리고 이 변화들에 적응해왔던 것처럼 지금 글을 적고 있는 나, 그리고 2학년이 될 미래의 나 역시 잘 해내리라고 기대합니다.

"여러 변덕스러운 우연이, 지쳐버린 타인이, 그리고 누구보다 자신이 자신에게 모질게 굴 수 있으니 마음 단단히 먹기 바랍니다."

정하진(15세)

오직 결과만으로 학생을 바라보는 학교, 같은 반 친구가 경쟁 상대인 학교, 또 성인이 되어서도 경쟁의 연속인 이 사회에서 '무례와 혐오와 경쟁과 비교와 나태와 허무의 달콤함에 길들지 않는 것'은 자신의 신념을 지키기만 하면 되는 것으로 보일 수도 있지만, 한편 가장 어려운 일이기도 합니다.

그런데도 예전보다는 자신의 개성을 인정해주고 그 개성을 중요시하는 사회가 찾아오고 있는 것 같습니다. 이런 사회가 다가오는 만큼 나 자신 또한 남을 따라가기보다는 자신의 길을 걸어갈 수 있어야 한다고 생각합니다.

그러기 위해서는 무엇보다도 나에 대해 잘 아는 것이 중요합니다. 자신의 길에서만큼은 누구와도 비교하지 않고 어떠한 생명체에게도 무례와 혐오를 허락하지 않는, 나태와 허무만이 가득하지 않은 길이 될 수 있겠지요. 또한, 밥 먹을 때 음식을 씹고 음미하는 것처럼 하루하루의 의미를 되새기면서 마치 하루를 영양가가 가득한 밥처럼 대하고 싶습니다.

하지만, 밥을 아무리 꼭꼭 씹어 먹어도 체할 때가 있는 것처럼 나의 노력이 잘 안 나타날 때의 나도 포용할 수 있는 나 자신이 되고 싶습니다. 하루에 일어난 모든 일을 한 가지 경험으로 느끼고 그 자체로 만족할 줄 아는 나 자신이 되고 싶습니다. 또 "마무리 짓고 새롭게 시작하는 오늘 졸업식이 그런 날 중 하나일 수 있겠다는 생각이 듭니다"라는 허준이 교수님의 말처럼 항상 모든 일에 처음과 끝을 잘 맺을 수 있었으면 좋겠습니다.

이런 바람들을 잘 실천해간다면 과거의 나와 미래의 나를 자랑스럽게 받아들이고, 나 자신에게 친절한 내가 될 수 있지 않을까요? 이렇게 생각하고 꾸준히 시도한다면, 우리 모두 미래의 나를 아주 친절히 아주 반갑게 마주하는 나 자신이 되어 있을 겁니다.

"서로에게, 그리고 자신에게 친절하시길. 그리고 그 친절을 먼 미래의 우리에게 잘 전달해주길 바랍니다."

이강욱(15세)

새로운 세상에 던져진다는 것은 막막하고, 힘든 일입니다. 내 뜻과는 상관없이 시간이 지나면 우리는 새로운 세상에 던져집니다. 하지만 우리가 알아야 할 것이 하나 있습니다. 낯선 세상에 던져져 혼란스럽더라도 우리가 잊지 말아야 할 것이 있습니다. 그것은 '기투(企投)'라는 것입니다. 기투란 스스로를 세계, 삶 속에 내던져 가능성을 향해 나아가는 '실존적 존재'로서의 삶을 의미합니다. 항상 자기 자신을 창조하면서, 그 가능성을 전개해 나가는 기투. 새로운 세상에 내던져질 우리 모두 마음속에 새겼으면 좋겠습니다.

함께 읽어볼 책과 영화

- 『다정한 것이 살아남는다』 브라이언 헤어, 버네사 우즈 지음, 이민아 옮김, 디플롯, 2021
- 『다정한 서술자』 올가 토카르추크 지음, 최성은 옮김, 민음사, 2022
- 『맡겨진 소녀』 클레이 키건 지음, 허진 옮김, 다산책방, 2023
- 『삶의 발명』 정혜윤 지음, 위고, 2023
- 〈괴물〉, 고레에다 히로카즈, 2023
- 〈말 없는 소녀〉, 콤 바이레드, 2023

읽다, 새로운
세계를 열다 — 6

생태·환경

지속가능한 발전은 실현 가능한 목표인가?

함께 나눌 질문

· 과학기술은 인류의 진보인가?

· 인공지능의 시대, 인간다움이란 무엇인가?

2015년, 유엔 총회에서 '지속가능발전목표(SDGs)'가 발표되었다. 2030년까지 지구와 인류의 지속가능한 발전을 위해 17개 목표를 정하고, 그 목표의 세부 사항들을 정리한 것이다. 빈곤, 기아, 건강, 교육, 에너지, 일자리, 불평등, 지구 온난화, 평화, 협력 등 다양한 분야의 목표가 설정되었고, 이후 지속가능발전목표는 지난 10년간 중요한 슬로건이 되었다. 지속가능발전목표에 대해서는 많이 알려졌지만, 실질적인 목표 달성의 성과는 물음표 수준이다.

지속가능발전목표가 설정된 이유는 무엇인가? 이것은 지구가 더 이상 지속가능하지 않다는 것을 방증하며, 목표 달성에 실패할 경우 인류를 포함한 지구상 모든 생명체는 어떤 운명을 겪게 될 것인지에 대해서는 객관적인 연구 결과에 근거한 여러 예측들이 이미 있다. 하지만 당장의 이익과 국가 간의 눈치 속에서 하염없이 그 마지노선이 미뤄지고 있는 듯하다. 과연 인간은 지속가능한 지구를 만들 수 있을 것인가?

우리는 무엇을 보고자 하는가?

영화 〈돈 룩 업〉은 천문학과 대학원생 케이트와 그녀의 담당 교수 랜들 민디 박사가 우연히 혜성 하나를 발견하면서 시작한다. 태양계 내의 궤도를 돌고 있던 혜성의 행적을 수십 번도 더 계산해 봤지만, 결과는 똑같다. 곧 지구와 충돌한다는 사실이다. 만약 이 혜성이 지구와 충돌하기 전 어떤 조처를 하지 않는다면, 지구가 완전히 박살 날 정도의 크기다. 전 세계 인류와 지구상의 모든 생명의 운명이 이 둘의 손에 달렸고, 케이트와 랜들 박사는 사력을 다해 이 사실을 세상에 알리고자 한다. 즉각 나사에 연락을 취해 급박한 상황임을 알려 워싱턴 백악관까지 입성은 성공했으나, 대통령을 만나기는 쉽지 않다. 대통령이 보고는 받았다고 하는데 상황이 얼마나 심각한지 전혀 알지 못하는 모양이다. 다행히 다음날 대통령과 접견하게 되었는데 설명을 아무리 해도 대통령은 확률이 얼마인지, 비용이 얼마인지, 곧 있을 선거에 도움이 될 것인지 따위만 되물을 뿐이다. 사람들에게 알려야 한다는 두 사람의 말을 오히려 사회의 혼란을 야기할 수 있는 철없는 행동이라 치부할 뿐이다.

그저 포기할 수 없었던 케이트와 랜들은 방송사를 찾아간다. 가장 인기 있는 토크쇼에 어렵게 자리를 마련했지만, 진지하게 받아들여지지 않기는 마찬가지다. 랜들 박사의 잘생긴 외모에 대한 이야기라든지, 답답함에 소리치는 케이트를 분노조절장애가 있다고 조롱하는 식의 가십거리만이 이슈가 될 뿐이다.

불행 중 다행으로 대통령의 사생활이 문제가 되면서 그것을 덮기 위해 충돌을 앞두고 있는 혜성이 있음을 대중에게 알리게 되고, 대대적인 예산을 들여 혜성 폭파 프로젝트를 진행한다. 하지만 이마저도 그 혜성에 있을 것으로 예측되는 '돈이 되는' 광물 자원을 개발하기 위한 기업인의 로비에 의해 저지되면서, 더 이상 손쓸 수 있는 방법이 없는 절망에 봉착한다.

그렇게 포기하려던 때, 꼬리를 달고 추락하는 혜성이 아름다운 별처럼 밤하늘에 보이기 시작한다. 커다란 혜성이 지구를 향해 오고 있음을 믿지 않았던 사람들도 선명하게 보이는 혜성을 보며 이것이 사실임을 깨닫기 시작한다. 당장 무엇이라도 해야 함을 느낀 사람들은 "하늘을 봐!(Look Up)"을 외쳤지만, 이것이 정치적 음모

론에 불과하다는 여론몰이를 하는 권력자들의 말에 현혹된 사람들은 "올려다보지 마!(Don't Look Up)"를 연일 외친다. 점점 세계는 양쪽으로 나뉘기 시작했고, 서로의 주장을 내세우기에 급급하다. 그러는 사이 혜성은 빠른 속도로 지구에 가까워지고 있는데 말이다.

영화의 결말은 비극이기도 하지만 또 한편으로는 해피 엔딩이기도 하다. 이기적인 인간들의 말로가 더 처참하다는 것을 보여줬기 때문이다. 하지만 영화에서 진짜 읽어내야 하는 것은 바로 무엇이 진실이고, 그 진실을 가리는 힘은 무엇인지에 대한 것과, 그것을 구분하고 분별할 수 있는 능력이 얼마나 중요한지에 대한 것이다. 인간이 쌓아 올린 엄청난 기술로 객관적으로 확인이 가능하고 예측이 가능한 것도 사상과 권력에 가려 무시되고 짓밟힐 수 있다는 것, 그리고 고개만 들면 직접 볼 수 있는데도 어떤 생각에 사로잡히면 스스로 그 진실을 외면할 수 있다는 것 말이다. 지금 우리는 어떻게 살아가고 있는가? 진실을 말하는 과학의 목소리를, 충분히 눈으로 확인할 수 있는 미래를 애써 외면하고 있지는 않은가?

영화 〈돈 룩 업〉의 장르는 코미디다. 영화에 등장하는 대통령이나 정치인, 언론인들의 모습은 우스꽝스럽기 그지없는데, 현실에서 없는 캐릭터냐 하면 그렇지 않다. 자신의 이익을 위해서 진실을 왜곡하거나 외면하는 일은 현실에서 비일비재하게 일어나는 일이니까 말이다. 더 답답한 것은 그것을 곧이곧대로 믿는 사람들 역시 우리의 모습이라는 점이다. 문제의 한 면만 보거나, 중요하지 않은 가십거리에 열광하거나, 다른 의견을 가진 사람들을 비하하고 조롱하는 모습 모두 우리 사회 모습 그대로이지 않은가.

하지만 이제 우리에게는 시간이 없다. 영화 속 상황처럼 곧 다가올 재앙적 위기 앞에서 문제를 바로잡아야만 한다. 과연 그 방법은 무엇인가?

인공지능의 발전과 인간의 위기

2016년, 인공지능 바둑 프로그램 알파고와 이세돌 9단의 대국으로 한국이 들썩였다. 바둑의 'ㅂ'도 모르는 사람도 알파고와 이세돌의 대국에 관심을 기울였다. 물론 인간과 기계의 대결이 처음은 아니었다. 1997년 IBM의 '딥블루'가 체스 세계 챔피언과 대결에서 승리했으며, 2011년에는 미국의 인기 퀴즈쇼에서 인공지능 IBM 슈퍼컴퓨터 '왓슨'이 전설적인 퀴즈 챔피언들과의 대결에서 이겼다. 하지만 바둑은 수만 가지 경우의 수가 있고 감정적인 요소를 통제하는 기 싸움도 있기 때문에, 이 영역만큼은 기계가 이길 수 없다는 주장이 지배적이었다. 그래서 많은 사람이 인공지능의 우수한 발전을 기대하기보다 인간의 우월함이 증명되길 내심 바라는 듯했다. 하지만 결과는 4:1, 인간의 대패였다.

인공지능이라는 용어가 나온 것은 약 70년 전부터이다. 1959년 미국 다트머스대 수학자이자 컴퓨터 과학자인 존 매커시는 인공지능 연구 프로젝트를 진행하면서 “기계가 지식을 가지고 스스로 학습하고 행동하는 시대가 온다”라고 예고했다. 현재 인공지능은 일상뿐만 아니라 산업 현장, 의료계, 금융계 등 거의 모든 곳에서 쓰이고 있다. 앞으로 더 많은 경우에 기계가 사람을 대신하여 위험한 곳에서 일하거나 사람의 손이 닿지 않는 곳의 세밀한 치료를 하고, 사람들은 직접 운전하지 않고 무인 자동차를 타고 다니게 될 것이다. 인공지능의 발달은 분명 우리의 삶이 더 풍요롭고 여유롭게 하는 데 일조할 것이다. 하지만 긍정적인 측면만 있는 것은 아니다. 인공지능이 인간의 감정을 가지는 것을 넘어서서 영혼과 정신까지 대신할 수 있는 세상이 온다면 영화 〈매트릭스〉에서처럼 기계가 인간을 지배할 날이 올 수 있기 때문이다. 또 돈이 많아 이러한 과학기술을 이용할 수 있는 사람과 이용할 수 없는 사람 간의 불평등이 있을 수 있다고 말한다.

그러나 무엇보다도 인공지능의 발전에 대해 가장 큰 고민은 바로 현재 인간이 처리하고 있는 일의 대부분이 자동화되고 더는 인간이 가치 없어지는 것에 대한 불안이다. 그렇게 된다면 인간은 외적으로는 일자리를 잃게 될 것이고, 내적으로는 심리적인 공허함과 혼란을 겪을지 모른다. Chat GPT로 대표되는 실질적으로 활용할 수 있는 인공지능 프로그램의 등장은 더욱 깊은 걱정과 염려를 시작하게 했다. 인공지능은 끝없이 연습과 학습을 통해 배우고 익혀 성장하는 것을 '바둑'이라는 게임이 아니라 인류의 모든 활동에서 눈으로 목격할 수 있게 되었기 때문이다. 로봇이 인간의 영역을 하나씩 따라잡고 있고, 그 우월성과 정확성을 증명할 때마다 과연 이러한 발전이 정말 인류를 더 진보하게 하는 것이 맞는지 그 의미에 대해 다시 생각하게 된다.

인공지능의 시대, 인간다움이란 무엇인가?

물론, 아무리 발전하더라도 로봇이 인간을 완벽하게 대체하기는 쉽지 않을 것이다. 의료, 법, 교육 등 미래에는 자동화되리라고 예측하는 영역에서도 그동안의 데이터와 다른 상황들이 얼마든지 발생할 수 있으며 그런 상황에서 지금까지 인간의 창의적인 직관력은 중요한 역할을 하고 있기 때문이다. 기계가 데이터를 바탕으로 학습하고 배워서 경우의 수를 예측할 수는 있겠지만, 인간이 선택해왔던 여러 가능성 중 하나를 고르는 범위를 벗어나는 것은 또 다른 차원의 문제가 될 것이다. 예를 들어 문학작품을 쓰는 로봇은 인간이 즐겨 사용하거나 표현과 호감을 느끼는 패턴을 이용해 이야기를 구성할 수 있고, 독자들에게 특정한 감정을 줄 수 있다. 그러나 이야기가 어떤 문제의식을 가질 것인가, 오늘날에는 어떤 메시지가 필요한가와 같은 아주 근원적인 출발점에서는 스스로 판단하기가 어려울 것이다.

기계와 인간 중 누가 더 우수하냐를 따지자는 것은 아니지만, 인간에게는 이처럼 개인마다 대체 불가능한 어떤 성질이 있다. '감정'을 가진 존재라고 표현할 수 있겠다. 물론 감정이 매 순간 우리를 더 나은 선택으로 이끈다고 할 수는 없다. 인간은 두려움을 느끼고 욕망하는 존재이기에 너무 나약하고 비겁한 선택을 할 때도 잦다. 하지만 우리는 때로 아무런 계산 없이 타인을 배려하거나 돕는다. 또 같은 처지에 있는 사람을 보면 괜히 더 힘이 나기도 하고, 누군가가 처한 상황을 완벽하게 이해하지 못할 때도 그를 동정하거나 연민할 수 있으며, 자신의 잘못 또는 옳지 못한 일 앞에서 부끄러움을 느낀다.

결국, 사람은 독립적인 기능으로만 존재하는 것이 아니다. 다시 말해 타인에 대한 공감 능력과 윤리적인 태도를 바탕으로 할 때 우리는 비로소 인간다운 인간이 된다. 알파고와 이세돌 9단의 경기는 구글의 기술력을 홍보하기 위한 이벤트에 불과했다. 상식적으로 이길 수 없는 경기에서 이세돌 9단을 응원하고 경기의 결과와는 아무 상관없는 1승에 그토록 기뻐하는 우리의 모습에서 오히려 인간다움을 발견할 수 있다. 그리고 바둑을 두는 일이 상대와 하나의 예술 작품을 만드는 과정이라고 생각했지만, 알파고는 오직 승리를 위해서만 돌진하는 것 같았다고 말한 이세돌의 말에도 인간이 어떤 존재인지 생각해볼 수 있다. 우리에게 남은 숙제는 오직 이기는 것만이 목적이 된 것처럼 느껴져 바둑계를 떠나겠다고 다짐했다는 그의 말이, 다른 인간의 영역에도 적용되지 않도록 하는 것일 테다.

공포로부터 우리를 지켜주는 것

그럼에도 여전히 인공지능의 발달에 따른 일자리 상실의 불안과 공포는 실존한다. 진짜 문제는 인공지능의 발달이라기보단 인공지능의 발달이 발생시키는 문제에서 오는 공포로부터 우리를 지켜줄 것이 거의 아무것도 없다는 것이다. 영화 〈돈 룩 업〉에서처럼 정부와 의회가 자신의 권력을 지키는 데만 급급하다면, 기업이 이익을 창출하는 데에만 혈안이 된다면, 위험으로부터 우리 모두는 무방비 상태가 될 것이 뻔하다.

그렇다면 우리는 어디에서 희망을 찾아야 할까? 분명한 사실은 긍정적이든 부정적이든 기술 발달은 끝없이 이루어지고 있고, 우리는 다가올 미래를 준비해야 한다는 점이다. 그러므로 지금 우리는 '인간이 인공지능을 이길 수 있을까'가 아니라 '인간이 발명한 인공지능으로 우리는 어떤 위기를 어떻게 극복해야 할까'라고 물어야 한다.

영화 〈돈 룩 업〉에서는 정확한 과학기술로 발견한 사실을 보여줘도 사람들은 믿지 않았다. 역설적이게도 바로 이 지점에서 인간의 영역을 발견해야 한다. 인간은 과학기술을 발명하고 발전시켜 왔고, 그것의 쓰임새를 선택하고 책임질 수 있는 유일한 존재이다. 이 사실을 분명히 알고 있을 때, 역사적으로 그랬듯 인간은 또 다른 가능성을 실현해 진일보할 수 있다. 달리 표현하면, 기술의 발전이 인간 삶을 피폐하게 한다는 수동적인 생각에서 벗어나야 한다는 것이다. 물론 기술의 발전은 대변혁을 일으킨다. 하지만 그것의 방향 역시 인간이 정할 수 있다는 사실이다. 〈돈 룩 업〉은 바로 그 지점을 여실히 보여준다. 고개를 들 것인지 들지 않을 것인지에 따라서, 돈을 선택할 것인지 생명을 선택할 것인지에 따라서 과학적 정보와 기술을 완전히 다르게 쓸 수 있다.

4차 산업혁명이라는 말이 이제는 진부해지기까지 한 오늘날, 과학기술의 발전이야말로 '지속가능발전'에 중요한 영역을 차지할 것이다. 지속가능한 지구를 만드는 발전은 새로운 기술을 개발하고 발명하는 것이 아니라, 무엇이 인간다운 선택이고, 인간은 어떻게 책임질 수 있는지에 대한 질문으로 활용에서만 가능할 것이다.

> "우리가 가진 것은 도덕성과 공감, 과학, 미디어, 그리고 민주주의다. 이것들이 지금 우리의 손에 쥐어진 최선의 도구다. 우리는 반드시 이 도구들을 활용해야 한다.
>
> 어떤 사람들은 도덕성을 거론하면 죄책감을 유발할 수 있으며 죄책감은 변화를 일구는 이상적인 방법이 아니므로 도덕성 문제를 연계시켜서는 안 된다고 말한다. 과연 다른 방법이 있을까? 누군가의 마음에 파문을 일으키는 일 없이 이 불편한 주제를 다룰 수 있을까? 불평등, 노동자와 자연에 대한 착취, 토지 강탈, 인종 학살, 과소비로 인해 빚어진 인간 실존의 위기를 도덕성을 거론하지 않고 이야기할 수 있을까?"
>
> – 그레타 툰베리, 『기후 책』, 「세상에서 가장 큰 이야기」, 67쪽, 김영사

기후정의운동을 이어가고 있는 세계적인 환경운동가 그레타 툰베리는 전 세계 기후 활동가들의 글을 모은 책을 내며 "우리의 손에 쥐어진 최선의 도구"에 대해 말했다. 도덕성과 공감, 과학, 미디

어, 민주주의. 이미 우리가 발명한 도구들을 활용한다면 불가능해 보이는 거대한 문제를 극복할 힘은 이미 우리에게 있다. 생명의 소중함을 잊지 않는 도덕성과 타인의 고통에 공감하는 능력을 최대한 발휘하여, 객관적이고 정확한 과학적 지식과 첨단으로 발전해 있는 기술 활용해야 한다. 그 과정에서 무엇이 더 효율적이고 효과적인지, 가장 시급한 것이 무엇인지 토론하고 결정할 수 있는 통로(미디어)와 민주주의가 필요하다. 그것이 인간의 자리를 지킬 수 있는 유일한 방법이다.

지속불가능한 수많은 문제에 봉착해 있는 오늘날, 우리는 인간에 대해 더 깊이 고민하고, 또 더 인간답게 살기 위해서 노력해야 한다. 주변의 사람들과 손을 잡고, 함께 인간이기를 꿈꾸고, 고민하고, 실천하는 길. 그 길 끝에서 인간의 새로운 미래가 열릴 것이다.

함께 생각해보기

1. 인공지능과 함께 살아가기 위한 우리의 태도

1950년 천재 수학자 앨런 튜링은 '튜링테스트'라는 실험을 제안합니다. 사람과 컴퓨터가 보낸 답 중, 무엇이 사람이 보낸 답인지 구분하지 못하거나, 컴퓨터를 사람으로 오인한다면, 이를 '사고하는 컴퓨터'라고 부를 수 있지 않겠느냐는 것이었습니다.

그렇게 시작된 인공지능(AI) 기술은 이제 생활에 접목될 만큼 발전했습니다. 자동차 스스로 운전하고, 복잡한 코딩 수식을 짜고, 단어 몇 개만으로 그럴듯한 영상까지 뚝딱 만들어냅니다. 이러한 인공지능의 발달로 우리의 삶은 더 편리해졌고, 그전에는 불가능했던 새로운 가능성도 크게 열렸습니다. 하지만 이에 따른 여러 문제도 발생했습니다.

인공지능이 어떤 가수의 목소리와 창법을 학습해 노래를 부르는 경우, 그 저작권은 누구에게 있는 것일까요? 그보다 앞서, 컴퓨터가 내가 부르지도 않은 노래를 나와 똑같은 목소리와 창법으로 부르고 있다면, 그 가수의 심정은 어떨까요? 다른 사람의 얼굴을 정확하게 묘사하는 딥페이크 기술로 만들어진 영상이 범죄에 악용되는 문제도 심각합니다. 인공지능의 잘못된 판단과 결정에 대한 책임의 문제도 쉽게 해결될 것이 아니지요. 오래전부터 제기되어오던, 인공지능이 인간의 역할을 대체하거나 인간의 지능을 넘어서는 문제 또한 현실이 되었습니다.

인공지능의 발달이 무엇보다 우리에게 큰 질문을 던지는 부분이 바로 그 지점입니다. 인간이 다른 생명종과 다른 점은 바로 생각을 한다는 점입니다. 일어나지 않은 일을 상상하고, 새로운 이야기를 창조하며, 그 이야기를 바탕으로 협력하며 살아가는 것이 '인간'이지요. 그런데 현실에는 없는 일을 상상하는 것도, 이를 새로운 이야기로 만드는 것도 인공지능이 훨씬 빠른 속도로 다 해낸다면, 인간이 할 수 있는 일에는 무엇이 남을까요?

인공지능이 발달하면 발달할수록, '인간이란 무엇인가'에 대한 본질적인 질문이 중요해집니다. 우리가 잊지 않아야 하는 사실은 인공지능은 인간이 필요로 만들어낸 기술이라는 점입니다. 기술에 잠식되지 않고, 인간 존재의 의미를 지키기 위해 함께 고민하여 답해봅시다.

인공지능은 정말 위험한 기술일까?

이소원(14세)

저는 우리에게 필요한 기술과 필요 없는 기술을 구분해야 한다고 생각합니다. 예를 들어 구조용 인공지능 로봇은 우리에게 꼭 필요하지만, 검색용 인공지능은 꼭 필요하지는 않습니다. 사람들은 자신이 원하는 답을 찾기 위해, 또는 옳은 답을 찾기 위해서 스스로 노력했습니다. 하지만 뭐든지 물어보면 바로 답을 알려주는 앱을 사용하게 되면서 사람들은 자신의 힘으로 답을 찾으려는 노력을 점차 하지 않게 될 것입니다. 스스로 해낼 수 있는 영역을 인공지능에 미루게 하는 기술은 인간에게 부정적인 영향을 준다고 생각합니다.

김도현(15세)

인간에게는 너무 편해진다는 게 문제이지 않을까요? 영화 〈월E〉에서 미래의 사람들은 살만 뒤룩뒤룩 찐 채로 들것을 타고 다닙니다. 극단적인 상상이지만, 인공지능이 더 발전해 극도의 편의만

찾다 보면, 우리는 편한 것에 중독되어 나중엔 혼자서 아무것도 할 수 없게 될 수도 있습니다.

정은호(15세)

인공지능이 누군가로부터 잘못된 정보를 학습해, 이를 또 다른 사람에게 전달할 수 있다는 것이 우리가 주의해야 할 위험 중 하나라고 생각합니다. 인공지능은 기존의 정보를 학습하기 때문에, 얼마든지 잘못된 정보를 익히고 퍼뜨릴 수 있습니다. 우리가 인공지능을 통해 얻게 된 정보를 믿으려 할 때, 이 사실을 기억해야 할 것입니다. 그렇지 않으면, 잘못된 사실을 듣고, 그걸 사실이라 믿으며 잘못된 생각을 하게 될 우려가 있습니다. 따라서 우리는 인공지능이 준 정보를 의심하고, 거짓을 구별하는 능력을 길러야 합니다.

최정원(14세)

저 또한 우리가 주의하고 유념해야 할 가장 큰 위협이 실체 없는 정보라고 생각합니다. 오늘날 인공지능은 실제로 없는 사진이나 영상을 만들어내고 있습니다. 누군가는 그것을 자신의 정치적 또는 경제적인 이익을 위해 사용할 수도 있습니다. 조작된 사진이나 영상, 그림 등을 보고 생각과 행동을 바꾸는 사람이 많기 때문입니다.

하지인(14세)

저는 인공지능이 우리의 일자리를 빼앗는 미래를 주의해야 한다고 생각합니다. 관련한 우려는 오랫동안 있었지만, 현재는 실제로 인공지능이 발달하여 사람들이 실직하고 있습니다. 예전에는 단순한 작업을 대체한다고 했지만, 요즘 인공지능은 그림을 그리거나 영상을 만들고 심지어 수술도 합니다. 물론 인공지능의 발전으로 새롭게 생긴 직업도 많습니다. 하지만 적절하게 대처하지 않는다면 사회에서 인간의 쓸모가 적어지고 인간의 자리가 줄어들 수 있습니다.

김소율(14세)

인공지능의 가장 큰 위험은 인간의 통제를 벗어나거나 반항할 수 있다는 점 아닐까요? 요즘 인공지능은 스스로 조작 · 분석하여 학습하는 딥러닝 기술로 발전하고 있습니다. 이렇게 인공지능이 어떤 기준 없이 모든 데이터를 마구 학습하게 되면 우리의 목적과는 다르게 점점 부정적이거나 난폭한 형태로 변할 수도 있습니다. 또 자기만의 가치관이나 생각을 가지게 되면, 인간이라는 존재를 부정적으로 받아들이고 우리를 공격할지도 모릅니다. 만약 이런 일이 일어난다면 우리가 인공지능을 막을 수 있을까요? 이미 인공지능은 인간을 넘어섰다는 평가를 받고 있습니다. 만약 인간이 인공지능을 통제하지 못하면, 반대로 인류가 인공지능에 통제당하게 될지도 모릅니다.

윤정서(16세)

제 생각에도 가장 우려스러운 것은 인공지능이 인간의 말을 듣지 않는 미래입니다. 인공지능은 그냥 로봇과 달리 인간이 없어도 스스로 학습하고 행동할 수 있습니다. 그런데 만약 우리 말을 듣지 않고 스스로 행동한다면, 정말로 제프리 힌터 교수가 말한 것처럼 인공지능 기술은 핵무기보다 위험해질 것입니다. 인공지능이 우리에게 불복종하고, 인공지능에 공격받게 될 때, 우리는 스스로 보호할 예방 장치가 필요합니다. 인공지능이 사람을 해칠 수 없고, 사회에 해를 끼칠 수 없게 사회적 규제를 만들어 인공지능의 폭주를 막아야 합니다.

박장원(15세)

인공지능 시대에 우리가 주의해야 할 문제는 '생각하지 않는 것' 입니다. 우리는 숏폼 영상을 볼 때, 자주 생각하지 않고 새롭게 나타나는 영상을 계속 시청만 하는 사람이 되어버립니다. 그냥 습관적으로, 더 자극적인 것을 찾을 뿐이지요. 만약 인공지능이 지금보다 발전한 시대라면 그런 경향이 더 강해질 것입니다. 인공지능은 어떻게 우리를 유혹하고 빠져들게 할지 이미 다 파악하고 있으니까요! 사람들이 점점 생각하지 않게 되고, 그러면 판단력도 떨어지게 될 테고, 스스로 삶을 결정하지 못하게 될 수도 있을 것입니다.

인공지능과 함께 살아갈 미래

최정원(14세)

인간은 법으로 죄에 대한 책임을 묻습니다. 하지만 재판을 보면 판사마다 해석이나 의견이 조금씩 달라서 비슷한 사건에도 다른 결과가 나오기도 하고, 어떤 판사가 더 정확하게 사건을 보았는지 알 수 없는 경우가 많습니다. 인공지능은 모든 법 조항을 외우고 수만 개의 사례와 상황을 검토하고 분류하여 적합한 결과를 찾아낼 수 있다고 생각합니다.

또 기존에는 사용하던 카드를 잃어버리면 분실신고를 해서 버리고, 새로운 카드를 발급받아야 했지만, 인공지능이 카드 속 IC칩을 추적할 수 있다면 카드가 어디에 있는지 찾을 수 있어 쓰레기와 시간을 모두 줄일 수 있습니다.

마지막으로 인공지능이 활약했으면 하는 부분은 집안일인데요. 세탁할 때 옷마다 세탁법이 달라서 잘못 세탁하면 줄어들거나 촉감이 바뀌는 경우가 있는데, 이때 인공지능이 옷을 분석하여 가장 알맞은 세탁 방법을 찾아주면 세탁할 때 유용하게 사용할 수 있습니다.

정우영(14세)

저는 인공지능이 위험하고 고통스러운 일을 대신 해주면 좋겠습니다. 약품을 실험할 때나 우주 실험을 할 때도 동물이나 사람이 희생당한 역사가 많았고, 핵폐기물과 같은 위험한 상황에 사람이 투입되어 피해를 당하는 경우도 많습니다. 저는 이러한 부분에서 인공지능이 우리를 도와줄 수 있다고 생각합니다. 인공지능이라면 두려움을 느끼지 않고, 맡은 임무를 완벽하게 수행할 수 있습니다. 그러면 고통받는 생명이 줄어들 수 있고, 이 세계에 더 많은 비밀을 자세하게 알 수 있으며 문제를 좀 더 안전하게 해결할 수 있을 것입니다.

윤정서(16세)

인공지능 기술은 나날이 발전하고 있습니다. 그 기술을 통해 지금의 문제를 해결할 수 있을지 모릅니다. 제가 요즘 가장 심각하다고 보는 문제는 환경 문제입니다. 환경 문제 중에서도 대기오염 문제가 정말 심각합니다. 전 세계의 공장에서 24시간 내내 물건을 생산하기에 공기가 계속해서 오염되고 있습니다. 인공지능이 공기

내에 있는 유해 물질을 판단해서 그 물질을 정화한다면 어떨까요? 또 공기를 오염시키는 주요 원인을 찾아내어 책임을 지게 한다면 어떨까요? 인공지능이 더 많은 오염 물질이 나오는 지금의 방법 대신 덜 해로운 방식을 발견할 수도 있지 않을까요? 인공지능이 모든 걸 해결할 수는 없겠지만, 적어도 오염된 공기와 물을 더 깨끗하게 만드는 데 사용되면 좋겠습니다.

인공지능의 시대, 우리에게 필요한 능력

최정원(14세)

비판적 사고 능력이 필요하다고 생각합니다. 뉴스나 신문을 보고 모든 걸 진실로 받아들일 수 없는 시대입니다. 이 기사가 사실인지 아닌지를 확인하고, 적절한 표현을 사용했는지, 사진 또는 영상에 조작된 부분은 없는지 생각하면서 자신의 의견을 만들어가야 합니다. 이를 위해 하나의 사실에 대해서라도 다양한 시선과 각도로 보도록 노력해야 합니다.

김효린(14세)

인공지능 시대에 필요한 능력은 신중함이라고 생각합니다. 인공지능이 일으키는 오류는 아마 우리가 생각지도 못한 부분에서 일어날 것입니다. 그렇기 때문에 굉장히 위험하겠죠. 따라서 하나의 시스템, 인공지능을 개발할 때는 다양한 방면에서 위험한 용도로 쓰이지 않을지, 만약 오류가 생긴다면 어떻게 대처할 것인지를 신중하게 고려할 필요가 있습니다.

김소율(14세)

엄청난 속도로 변화하는 인공지능 시대에는 다양한 능력이 필요하겠지만, 저는 그중에서도 '질문을 잘 던지는 능력'이 중요하다고 생각합니다. 앞으로는 대답을 빠르게, 정확하게 찾는 것보다 무엇이 중요한지, 무엇이 필요한지를 파악하고 적절한 질문을 하는 능력이 더 요구될 것 같습니다. 질문에 답을 찾는 것은 이미 우리보다 인공지능이 더 잘하고 있기 때문입니다. 물론 그 대답이 진짜인지 아닌지 걸러낼 능력도 필요합니다. 인공지능이라고 무조건 믿어서는 안 됩니다. 인공지능이 주는 정보를 잘 걸러내서 받아들이는 것도 우리에게 꼭 필요한 능력 중 하나가 될 것입니다.

박장원(15세)

인공지능 시대에 우리에게 필요한 능력은 바로 '철학적 사고'입니다. 인공지능은 우리의 모든 데이터를 분석하고 파악합니다. 어쩌면 인공지능이 우리보다 우리에 대해 더 잘 알고 있을지도 모릅니다. 그러면 점점 인공지능에 의존하여 생각하고, 판단하고, 결정하는 사람이 늘어날 것입니다. 그러기 전에 우리는 스스로 생각해야 합니다. 그냥 생각이 아니라, 철학적 사고를 통해 우리가 인공지능에 활용되는 것이 아니라, 인공지능을 주체적으로 활용할 수 있어야 합니다.

이소원(14세)

인공지능은 도구입니다. 사람의 일을 편리하게 만들어주고, 할 수 없는 일도 해낼 수 있기에 무척 유용한 도구입니다. 하지만 인공지능이 너무 똑똑하기에, 도구로 잘 사용하기가 쉽지 않습니다. 과거 프로바둑기사 이세돌과 인공지능 알파고가 바둑 대결을 했을 때, 인간은 겨우 알파고에게 한 번밖에 이기지 못했는데, 지금의 알파고는 그보다 몇 배는 더 똑똑하게 진화했다고 합니다. 인공지능이 사람보다 똑똑하다는 것은 이제 부정할 수 없는 사실이지요.

그렇다면 이 똑똑한 인공지능을 잘 사용하기 위해 어떻게 해야 할까요? 바로 창의력과 판단력을 발휘하는 것입니다. 인공지능은 오로지 내장된 알고리즘대로 작동합니다. 누군가 시키지 않으면 작동하지 않지요. 하지만 사람의 뇌에는 숫자나 문자로 표현할 수 없는 것으로 가득 차 있습니다. 아마 과학자들은 우리 뇌에 대한 비밀을 영원히 풀지 못할 겁니다. 우리는 그 설명할 수 없는 복잡한 뇌로 내가 하고 싶은 것을 의지를 갖고 시작할 수 있습니다.

인공지능이 무언가를 완벽하게 만들 수 있겠지만, 무엇을 만들 것인지 고민하고 결정하는 일은 오직 사람이 해야 합니다. 인공지능이 퍼즐을 빠르고 정확하게 맞추는 것을 한다면, 사람은 어떤 새로운 퍼즐을 만들 것인지, 끝없이 이야기를 펼쳐나가야 합니다.

또 우리는 판단력을 길러야 합니다. 인공지능은 옳을 때도 있지만 틀릴 때도 있습니다. 기계이기에 내장된 알고리즘대로만 작동하죠. 목표를 달성해야 한다면, 윤리적 고민을 하지 않을 수도 있습니다. 그래서 인공지능이 만들고 우리에게 전달하는 수많은 정보는 진실일 수도, 거짓일 수도 있습니다. 정보가 모든 것을 지배하는 시대를 살아갈 때, 우리에게 거짓을 알아보고 윤리적인 판단을 내릴 수 있는 판단력이 필요합니다.

윤정서(16세)

먼저 의존성을 낮추어야 합니다. 이미 일상생활에서 인공지능이 너무 많이 쓰입니다. AI가 아마 편해서겠지요. 어떤 부분에선 필요하겠지만, 인공지능을 무턱대고 믿거나 지나치게 의존하는 것은 안 됩니다.

또 윤리적인 부분에 대해 생각하는 능력이 필요합니다. 인공지능이 차별적 발언을 해서 논란이 된 적이 있습니다. 그건 인공지능이 학습한 기존의 정보가 장애인, 성 소수자, 흑인 등에 대해 차별적으로 말하고 있었기 때문입니다. 따라서 우리는 인공지능의 정보가, 또 인공지능에게 제공하고 있는 정보가 윤리적인지 생각해보아야 합니다. 인공지능의 기술이 더 나아지려면 윤리적인 판단과 의사결정이 필요합니다.

마지막으로 우리는 평생에 걸쳐 학습하려는 태도가 필요합니다. 만약 머리에 칩을 심을 수 있다면, 더 이상 공부하지 않아도 될까요? 칩 때문에 아무도 공부하지 않는다면 인공지능이 뭘 하든 옳다고 생각할 것입니다. 우리는 평생 스스로 학습해야 합니다. 그래야만 달라지는 지식과 기준에 맞추어 문제를 알아채고 해결할 수 있습니다.

김세원(16세)

위험에 대처하기 위해 필요한 능력은 예민함인 것 같습니다. 세상이 변하고 있다는 것을 알아채고, 위험을 극복하기 위해 함께 변해야 한다고 생각할 수 있기 때문입니다. 이런 능력을 기르기 위해서는 세상의 소식을 접하고, 여러 소식에 대해서 깊이 고민해봐야 합니다. 그냥 그렇구나, 하는 것이 아니라 왜 일어났는지, 어떤 영향을 어디에 주는지, 상대의 입장은 어떤지 무조건 하나의 입장에 서는 것이 아니라 균형 잡힌 시선으로, 비판적인 사고를 연습해야 한다고 생각합니다.

2. 우리는 기후정의가 이루어진 세상을 만들 것이다

매년 극심해지는 기후위기는 전 세계 곳곳에서 발생한 이상 고온 현상은 지구가 더 이상 생명이 살아가기에 적합하지 않은 곳이 될 수도 있다는 위기를 체감하게 합니다. 이런 상황에서 에어컨을 켜고 자동차를 타며 시원한 곳에 있을 수 있는 것 자체가 죄스럽게 느껴지기도 하고, 도대체 어떻게 하면 이 문제를 해결할 수 있을까 머리가 지끈거리도록 걱정이 되기도 합니다. 하지만 뾰족한 수가 떠오르지 않아 결국 에어컨 온도를 몇 도 올리거나 플라스틱을 좀 덜 쓰는 정도의 노력으로 결론이 내려질 때가 많지요.

우리는 종종 기후위기에 우리 모두가 책임이 있다고 말하지만, 이 말에는 모순이 있습니다. 사실 기후위기를 초래한 것은 돈을 많이 쓴 사람들 혹은 부유한 국가들이기 때문입니다. 비행기나 고급 자동차를 많이 탈수록, 물건을 많이 만들거나 구매할수록, 기업의 규모를 늘리면 늘릴수록 지구는 파괴됩니다. 그래서 불평등이 기후위기를 만들었다고 해도 과언이 아닙니다. 불평등할수록 세계는 위험해지고, 우리는 점점 더 생명의 위협을 강하게 받게 될 뿐입니다. 그러므로, 기후위기를 해결하는 것은 세상에 존재하는 부정의와 불공정을 해결하고, 새로운 사회를 디자인하고 만드는 일과 같은 뜻입니다.

기후위기를 막기 위해 삶을 바쳐 목소리를 내는 사람 중 가장 영향력 있는 사람으로는 그레타 툰베리가 있습니다. 그레타 툰베리는 기후위기를 해결하기 위해 지금 우리가 손에 쥔 것이 무엇인지 보라고 말합니다. 그녀가 말하는 최선의 도구는 도덕성, 공감, 과학, 미디어, 민주주의입니다. 그야말로 모두가 가질 수 있고, 활용할 수 있는 평등한 도구들이지요. 이상적이고 낭만적으로 들릴 수 있지만, 거꾸로 이것을 잊어버렸기에 지금 기후위기가 일어났다는 것은 명백한 사실입니다.

여러분은 지금 여러분 손에 쥔 도구들을 가지고 무엇을 하고자 하나요? 기후위기를 극복하고 기후정의를 완성하기 위해 함께 고민하고 실천해야 할 것이 무엇인지 토론해봅시다.

기후정의를 위한 우리의 책임

윤정서(15세)

한국은 인구는 많지 않으면서도 전 세계적으로 어마어마한 탄소를 배출하는 국가입니다. 하지만 기업과 정부는 아무것도 하지 않는 것처럼 보입니다. 제가 생각할 때 큰 변화를 두려워하는 것 같습니다. 지금의 체계를 뒤집어엎는 데 드는 위험과 비용이 두려워 현실을 외면하고 싶은 겁니다. 하지만 더 이상 외면해서는 안 됩니다. 1℃가 올라갈 때마다 많은 인명피해가 일어나고 도시가 폐허가 됩니다. "우리 집이 불타고 있다"라는 과학적 사실에 바탕한 외침을 들어야 합니다. 한국이 기후변화를 계속해서 무시한다면 우리는 기후 악당을 넘어 지구 파괴국 중 하나가 될지도 모릅니다. 저 또한 한국인으로서 탄소중립이 될 수 있도록 노력하고, 방관하는 정부와 기업에 계속 말하겠습니다. 더불어 과잉 소비를 하지 않고 불필요한 자원 사용을 줄일 것입니다. 한국의 청소년으로서 기후정의가 이루어진 세상을 만들고자 합니다.

권준희(15세)

인류는 지구로부터 얻은 것에 비해 지구를 위해 하는 일이 너무 없습니다. 지구는커녕 다른 존재를 위해 하는 일도 정말 없는 것 같습니다. 아니, 인류는 어쩌면 자기 자신을 위해 한 일도 없는 것 같기도 해요. 현재까지는 생명체가 살 수 있는 행성이 지구밖에 없는데 다들 일차원적으로 행동하면서 본인의 세계를 망치고 있으니까요! 제가 봤을 땐, 이건 사람들이 아주 간단한 사실을 자꾸 잊어서 그러는 것 같습니다. 바로 우리가 지구에 살고 있다는 거죠!

세계의 내로라하는 대기업, 세계적 기업의 회장들도 모두 사람이고, 자식들이 있을 텐데 왜 사랑하는 자식들이 살아가야 할 우리의 집을 부수고 있는 걸까요? 자신을 진정 사랑한다면 우리의 집, 지구를 사랑해야 하는 게 당연한 거 아닐까요? 지구의 모두가 우리가 '지구'에 살고 있다는 걸 자각하고, 잊지 않고 행동했으면 좋겠습니다.

우리가 기후위기로 빼앗기고 있는 것들

최준안(15세)

저와 같은 청소년들은 많은 것을 침해받고 있다고 생각합니다. 건강하게 살 권리, 아름다운 것을 직접 경험할 권리, 하고 싶은 걸 하며 살 권리…. 이런 권리를 침해받음으로써 우리는 청소년기에 보고 느낄 수 있었던 많은 삶의 가능성을 놓쳤습니다. 밤하늘에 별을 이제는 상상해야만 하고, 신기하고 귀여운 동물이 있었을 커다란 숲도 사라졌습니다. 이제는 다른 생물종을 만나려면 동물원에 가는 수밖에 없습니다. 문제는 이런 권리를 넘어 이제는 생존에 대한 권리도 위협받고 있다는 사실입니다. 우리는 이러한 세상에 책임을 요구하고, 우리 세대부터라도 보호해야 합니다.

국가적으로 경제적 상황이 좋아지는 것은 분명 좋은 일일 것입니다. 하지만 수치적인 상승을 위해 우리는 몇몇 사람을 완전히 잊어버렸습니다. 경제 규모만 커지면 좋은 것이고, 구조적인 불평등 때문에 피해를 입는 사람들은 별로 중요하지 않은 것처럼 여기면서 말이지요. 이제 우리는 GDP의 상승보다 자원의 소비, 이산화탄소의 배출 등 환경에 관련한 수치를 더 신경 써야 합니다. 생존이 보장되지 않는다면, 경제적 성장이 아무 의미 없기 때문입니다.

김리우(15세)

저는 『인권으로 살펴본 기후위기 이야기』에서 기후 소송에 대해 처음 봤는데요. 기후 소송은 여러 나라에서 이미 많이 일어나고 있습니다. 대표적으로 2018년 네덜란드 환경단체인 우르헨다(Urgenda) 재단이 정부를 상대로 온실가스 감축 목표를 강화하라고 소송을 걸었던 적이 있습니다. 법이 이산화탄소 감축을 충분히 규율화하지 않아 수백만의 인명과 기후 시스템에 예측할 수 없는 결과를 초래해 생명권, 신체 자유권, 직업 자유권을 해쳤다는 게 이유입니다. 네덜란드의 사법부는 이 의견을 진지하게 들어주었습니다. 굉장히 의미 있는 사례라고 생각합니다.

기후는 인권에도 많은 영향을 끼칩니다. 기후위기로 폭염이 많이 발생하는데, 이런 기후의 책임은 보통 부유한 나라에 있지만, 가장 많은 피해를 보는 곳은 빈곤한 나라의 취약 계층입니다. 우리

나라에서도 에어컨을 펑펑 틀어놓고 일하는 사람은 폭염의 피해가 크지 않지만, 야외에서 일하거나, 육체적 노동을 하는 사람들, 에어컨을 켤 수 없는 형편의 사람들은 건강에 문제가 생기고, 심지어 목숨을 잃기도 합니다. 이런 문제를 해소하기 위해서는 노동 강도에 따른 체감온도 차이를 고려해 열사병을 예방하고, 기후로 작업이 중단된 건설 노동자 등에게도 임금을 지원해주는 등 다양한 제도가 필요합니다.

하지만 우리나라는 기업이 잘 살아야 나라가 잘 살 수 있다는 구시대적인 생각을 하는 나라입니다. 그래서 현재 '친기업 정책'을 하며 이 위기를 극복하기 위해 기업을 대상으로는 탄소제한을 실시할 계획이 없다고 합니다. 우리나라는 여전히 GDP가 증가하는 것에 초점을 맞추고 있는데 우리에게 더 많은 GDP는 필수적이라고 생각하지 않습니다. 실제로 많은 경제학자들이 분석해 내놓은 연구 결과를 보면 GDP와 국민 행복이 크게 상관관계가 없습니다. GDP의 성장으로 몇몇 기업의 사적인 부가 늘어날 수는 있겠지만 그렇다고 공적인 부가 많아지는 것이 아니며, 오히려 사적인 부가 증가하면 환경 파괴로 인한 피해를 메우기 위한 지출이 증가해 결국 경제적 효용이 떨어집니다. 그렇다면 우리는 이제 GDP의 환상에서 깨어나 국민의 생명과 관련한 기후 문제를 직시하고 해결해야 합니다. 해결 방법은 이미 많은 학자가 말해주고 있습니다. 과학자와 경제학자들의 말을 믿고 수용해 나가야 합니다.

우리나라는 온실가스 배출이 세계에서 6~7위에 달하는 국가입니다. 우리가 에어컨을 틀고 값싼 옷을 사고 있을 때 누군가 그 책임을 대신 지고 있습니다. 가나, 콩고, 방글라데시 등 가난한 나라에는 소의 배 속에 100kg에 달하는 쓰레기가 쌓여가고 있습니다. 이제 더는 물러날 곳이 없습니다. 우리의 무분별한 소비와 이로 인한 환경파괴는 부메랑처럼 돌아와 우리 삶과 안전을 해칠 것입니다. 그러니 기업도, 국가도 보다 현명한 생존방식을 배워야 합니다. 스스로를 지키기 위해서라도, 모두 선택의 자유에 앞서 "나는 어떻게 살아야 하는가?"라는 윤리적이고 책임 있는 질문을 던져야 할 것입니다.

기후정의는 평등의 문제다

정윤진(16세)

날이 갈수록 폭염, 홍수 등 극한 기후로 인한 재난이 늘어나고 있습니다. 많은 사람이 기후위기에 관한 기사를 보며 심각하다고는 생각하지만, 자신의 일은 아니라고 여겼기에 그 생각은 그대로 묻혔습니다. 그러나 지금은 다릅니다. 기후위기는 지구 저편의 이야기가 아니라 지구 어느 곳의 누구에게나 직접적인 피해를 주고 있습니다. 그런데도 이런 상황에 눈 감는다면, 이는 불평등에 눈감고 정의를 저버리는 일과 같습니다. 기후위기가 세계 곳곳에 영향을 끼치지만, 그 책임과 피해는 모두 같지 않습니다. 인구 10%의 부유층이 49%의 온실가스를 배출하지만, 인구의 50%는 단 10%의 온실가스를 배출합니다. 그러나 기후위기로 인한 피해는 더 적은 온실가스를 배출하는 50%에게 더 크게 일어납니다. 이뿐만 아니라 곡식 문제에도 불평등이 따릅니다. 기후위기로 인해 상승한 곡물 가격을 경제적으로 빈곤한 계층은 감당하기 어려울 것입니다.

〈수라〉라는 다큐멘터리 영화를 보았습니다. 영화는 새만금 간척 사업으로 말라가는 갯벌의 이야기입니다. 영화에서 본 갯벌은 정말 아름다웠습니다. 수많은 종류의 새들이 계절마다 그곳을 방문했습니다. 하지만 자유롭고 평화로웠던 갯벌은 이제 새만금 간척 사업과 신공항 등으로 파괴될 위험에 처했습니다. 갯벌의 파괴를 막고자 새만금 시민생태조사단은 정부를 향해 목소리를 내고 있습니다. 조사단의 한 대학생은 이전 세대가 봐왔던 생태계의 아름다움을 자기 세대에서는 보기 어려워졌고, 다음 세대에 서는 더욱 볼 수 없다는 것이 억울하다고 말합니다. 이것 역시 불평등입니다. 우리가 원하지 않았던 것을 만들어주고, 누릴 수 있는 것을 빼앗다니 심각한 문제입니다.

기후 문제 역시 마찬가지입니다. 이전 세대의 과도한 탄소 배출로 인해 이상기후는 점점 증가하고 곳곳에서 심각한 재난이 발생하고 있습니다. 그러나 그 피해와 책임은 지금 세대와 다음 세대가 감당해야만 합니다. 이렇게 전 세계에 영향을 주는 심각한 문제에 원인을 제공한 사람들은 왜 책임을 지지 않나요? 심지어 아직까지도 제대로 문제를 인식하지 못하고 상황을 악화시키고 있다는 게 안타깝습니다.

기후위기를 초래한 원인도 불평등한데, 결과까지 불평등합니다. 그렇기에 정의롭고 평등한 사회를 위해 기후정의가 이루어진 사회를 만들어야만 합니다.

서정빈(15세)

지금의 기후위기는 정말이지 정의롭지 못합니다. 기후위기는 거대한 나비효과를 일으키는 존재입니다. 나비의 날갯짓에서 시작한 바람이 거대한 폭풍우로 세계 곳곳을 휩쓸고 있습니다. 매년 여름의 극단적인 폭염과 폭우도 이에 해당할 것입니다. 하지만 모든 피해가 대부분 경제적 약자에게 돌아가고 있는 현실입니다. 더 많은 책임이 있는 국가나 사람들은 안전한 곳에서 편안히 살아갑니다. 이 상황은 지극히 불평등합니다.

하지만 정말 기후위기로 인해 멸망이 가까워진다면, 특정 계층의 일이 아닐 것입니다. 쉽게 상상할 수 있도록 성경의 예시를 살펴보면, 산불과 홍수가 허다하게 일어나며 하늘은 맑지 못한 악에 잠식된 세상이라 묘사하고 있는데요. 저는 지금의 지구 모습이 이와 유사하다고 생각했습니다. 만약 이런 멸망이 진짜 일어난다면 소수의 국가나 사람들만 안전할 수는 없을 것입니다. 결국 우리 모두의 문제입니다.

기후위기와 파괴는 부메랑과 같습니다. 던지는 만큼 다시 우리에게 돌아오는 문제를 이제는 끊어내야 하지 않을까요? 이제는 정말 기후정의를 이루어야 할 때입니다.

백호(14세)

『세계의 내일』이라는 책을 읽고 적지 않게 놀랐습니다. 이 책은 기후변화의 심각성을 알기 위해 한 가족이 세계 곳곳을 여행한 내용을 기록한 책인데요. 기후변화가 이렇게나 심각하게 우리 코앞에 다가와 있는 줄 몰랐습니다. 저는 관심이 없었던 것입니다. 입으로는 기후변화가 심각하니 이를 막기 위해 노력해야 한다고 말했지만, 진짜 현실은 몰랐던 겁니다.

기후위기에 관심이 없었던 지난날을 반성하고, 다른 곳들의 위기도 어떤지 찾아보다가 사헬 지대에 대한 정보를 찾았습니다. 사헬 지대는 사하라 사막 남쪽에 길게 분포한 지역인데요. 이 지역은 가뭄이 30여 년 동안이나 지속되고 있다고 합니다. 이러한 지속적인 가뭄 때문에 식수 부족뿐만 아니라 식량 부족 문제까지 나타나 많은 이주민들이 발생하고 있습니다. 사하라 사막 주변은 연평균 10km의 속도로 사막이 확장되며 야생동물의 멸종, 경작지 감소로 인한 극심한 식량난을 일으키는 등의 문제가 심각합니다. 이러한 사막화를 방지하기 위해서는 무분별한 방목과 농경지 개간을 금지하고, 조림 사업을 통해 녹지 면적을 증가해야 합니다. 그런데 가난한 아프리카의 위기는 아무에게도 전해지지 않고 있는 것 같습니다.

기후위기를 막아야 하는 이유는 한 가지입니다. 지구의 모든 생명과 직접적으로 연결되어 있기 때문입니다. 많은 과학자가 말하듯, 지금이 위기를 막을 마지막 기회입니다. 지구가 멸망하기 전의 마지막 기회 말이지요. 지구가 멸망할 수도 있다고 말하면 미치광이 취급합니다. 그런데 지구가 멸망할 수도 있다는 말은 명백한 사실입니다.

저는 우리가 이 기회를 잃지 않았으면 좋겠습니다. 지구 온난화로 인한 폐해를 막고 지속가능한 세계를 만들기 위해선 먼저 '나라(국가)'라는 개념이 사라져야 한다고 생각합니다. 지구 전체가 하나가 되어야 합니다. 지구가 처한 위기를 온전히 받아들여야 하는데, 너희 나라 책임, 우리나라 책임 이렇게 서로 책임을 미루고 회피하니 문제가 해결되지 않는다고 생각하기 때문입니다. 두 번째로 최대한 아끼려고 해야 합니다. 우리가 누리고 있는 것들은 당연한 게 아니라는 사실을 명심하는 것이지요. 세 번째로는 배려하는 마음을 지녀야 합니다. 나만 편해지고자 하는 마음을 버리고, 지구 곳곳에 있을 수많은 사람들, 그리고 다음 세대도 생각하는 마음을 갖춰야 합니다. 넷째는 다른 사람을 먼저 생각해야 한다는 것입니다. 그들이 안전하지 못하다면, 나도 그럴 수 없습니다. 제가 생각하는 변화의 방법이 이상적이고, 그런 변화는 불가능한 것처럼 여겨질 수 있습니다. 그렇지만 지구가 위태해지는 날에도 그렇게 생각할까요? 저는 그렇지 않다고 생각합니다. 우리는 기후정의를 반드시 실천해야 합니다.

함께 읽어볼 책과 영화

- 『그레타 툰베리』 알렉산드라 우르스만 오토, 신현승 옮김, 책담, 2023
- 『기후 책』 그레타 툰베리 외, 이순희 옮김, 김영사, 2023
- 『로봇 시대, 인간의 일』 구본권, 어크로스, 2015
- 『미래 세대를 위한 인공지능 이야기』 배성호, 정한결, 철수와영희, 2023
- 『사람의 자리』 전치형, 이음, 2021
- 『세계의 내일』 야나 슈타인게써, 옌스 슈타인게써, 김희상 옮김, 리리, 2020
- 『인권으로 살펴본 기후 위기 이야기』 최우리 외, 철수와영희, 2023
- 『지금 우리가 할 수 있는 일』 에두아르도 가르시아, 송근아 옮김, 청어람미디어, 2023
- 『클라라와 태양』 가즈오 이시구로, 홍한별 옮김, 민음사, 2021
- 〈돈 룩 업〉, 아담 맥케이, 2021